Wie weit gehst du, wenn ich es befehle?

John Barns

John Barns

Wie weit gehst du, wenn ich es befehle?

Wahre BDSM-Erlebnisse eines Szenekenners

DeBehr

Herausgeber: Verlag DeBehr, Radeberg
Erstauflage: 2022
ISBN: 9783957539687

Die Namen der Personen sind frei erfunden, die Handlungen hingegen beruhen auf tatsächlichen Begebenheiten, so wie ich sie selbst erlebt bzw. mir zugetragen wurden. Die Spielorte und Namen der Personen sind rein fiktiv. Sollten sich daher Ähnlichkeiten mit lebenden oder toten Personen bzw. Spielorten ergeben, so ist dies völlig unbeabsichtigt.

Inhalt

Vorwort

Für Menschen, die zum ersten Male mit BDSM in Berührung kommen, mag es eine befremdende Welt sein. Diese Welt ist bizarr, skurril und auf den ersten Blick erschreckend. Begriffe wie Sklavin, Zofe, Domina und Dom mögen auf den ersten Blick nach Gewalt klingen, doch sieht die Realität anders aus. Gut, es stimmt, um die Lust am BDSM zu befriedigen, werden sehr brutal wirkende Spielzeuge, Techniken und Handlungen verwendet.

Doch hat auch diese Art bei Eingeschworenen klare Regeln, an die sich jeder verantwortungsbewusste BDSMler hält. So dienen Codewörter dazu, bestimmte Grenzen nicht zu überschreiten. Alles, was geschieht, ist freiwillig. Es wird nichts erzwungen, und Gewalt spielt nur insoweit eine Rolle, als dass sie gewollt ist. Somit entsteht ein Widerspruch, denn wenn diese Form gewählt wird, so dient sie der Erlangung des eigenen Empfindens und Befriedigung.

Bewusst verwende ich den Begriff BDSM und nicht SM. BDSM steht für Body Disziplin Sado Maso, also der nicht gewerblichen Form dieser Art von Befriedigung. Was für den Laien ebenfalls unverständlich ist, ist, dass sich stets einer der Beteiligten freiwillig unterwirft. Dominanz und Devotheit bilden bei jedem Treffen einen gewollten Gegensatz und zugleich ist es ohne diese Rollenverteilung kaum möglich, ein harmonisches und erfülltes Treffen abzuhalten.

Vielen der in den Zirkeln vereinten Mitgliedern sieht man nicht an, dass sie Anhänger der Szene sind. Ich selbst gehöre keinem Zirkel an und halte mich trotzdem an die ungeschriebenen Gesetze. Mein Nick, unter dem ich in der Szene unterwegs bin, ist bekannt und geachtet.

Seit vielen Jahren verkehre ich in der Szene und schon lange hegte ich den Gedanken, ein Buch mit Geschichten aus der Szene zu schreiben. Ich weiß bis jetzt noch nicht, welche genauen Handlungen die einzelnen Geschichten haben werden. Zu viele von ihnen sind noch in meinen Gedanken. Erinnerungen und Erzählungen aus den verschiedensten Blickwinkeln gesehen, bilden die Grundlage dieses Buches.

Ich hoffe, mit diesem Buch ein Zeichen zu setzen. Es soll anregen und aufklärend zugleich sein. Ich nehme dieses Werk zum Anlass, auch Neueinsteigern in die Welt des BDSM eine Hilfestellung zu geben.

Euer
John Barns

Die Feder

(Verfasser: Sklavin Simone als schöne Erinnerung an unsere Session)

Liege auf dem Bett in einem Hotelzimmer und warte auf ihn. Wir haben uns gerade erst in einer Bar kennengelernt und springen doch aufeinander an. Im Moment ist er gerade unter der Dusche, wo ich schon lange fertig bin und nun fiebernd auf ihn warte. Was dauert nur so lange bei ihm? Das Wasser kann ich rauschen hören und er pfeift ein Lied. Er hat mir versprochen, mit mir zu spielen, mal sehen, was er vorhat.

Meine Haut prickelt schon bei dem Gedanken, was es sein könnte, ich werde es genießen.

„Hallo Simone mein Schatz, bist du bereit, dich verwöhnen zu lassen?“ John kam in einen Bademantel gehüllt ins Zimmer.

„Ich hab was, was dir vielleicht Spaß macht, Schatz. Hast du was dagegen, wenn ich dich an den Händen festbinde?“

„Nein, John, mach nur“, sag ich lächelnd und zittere vor Vorfreude.

„Dann schließe bitte die Augen einen Moment, ich möchte vorher noch was machen.“ Ich höre ihn hantieren und rieche Streichhölzer. John zündet im ganzen Zimmer Kerzen an und löscht dann das elektrische Licht.

„So mein Schatz jetzt bitte die Hände über den Kopf.“ Zärtlich bindet er meine Hände zusammen an den Bettpfosten. Jetzt mach ich dann doch die Augen wieder auf.

„John, was hast du vor?“, ich kann kaum noch still liegen. Lächelnd holt er eine große weiße Feder aus der Schublade und legt sie neben mich. Jetzt weiß ich, was er vorhat. „Bitte John mach mich wieder los, das halt ich sicher nicht aus.“
“Doch, meine Süße, das kannst du, ich werd’s dir zeigen. Schließ einfach die Augen und genieße es.“ Dann beginnt John, mich mit der Feder zu streicheln. Im Gesicht fängt er an, um

dann langsam zu meinem Ohr zu wandern. Ich bekomme eine Gänsehaut und hab Angst.

„Bitte John mach mich los“, es kribbelt überall, wo die Feder mich berührt. Langsam lässt er sie an meinem Hals herunterwandern und streicht um eine Brust herum. Meine Spitzen richten sich auf und ich merke, wie ich ruhiger werde. Langsam kann ich es wirklich genießen. Ein Gänsehautschauer nach dem anderen überläuft mich. Er zieht immer engere Kreise um meine Brustwarzen, bis er sie endlich berührt. Meine Nerven sind so angespannt, dass ich aufschreie. Ihm macht es Spaß, mich zu erregen und mir wird heiß und heißer. Auch bei ihm regt sich langsam etwas, der Morgenmantel ist jetzt aufgegangen und zeigt mir deutlich, wie erregt er ist. Ich möchte meine Hände ausstrecken und ihn berühren, kann es aber nicht.

John lässt jetzt die Feder tiefer gleiten und umkreist meinen Nabel. Mein Becken beginnt, sich zu heben, auch wenn ich es nicht möchte, ich kann nicht mehr still liegen.

„Ja Liebling zeig mir deine Leidenschaft.“

John ist ganz in seinem Element, scheint mir. Als er dann mit der Feder an meinen Venushügel kommt, hab ich das Gefühl zu zerspringen, mein Schrei erschreckt ihn nicht mal.

„Ja Süße lass dich fallen, genieße es", lächelnd schaut er auf mich herunter. „Ich will dich jetzt, John, bitte."
„Nein meine Süße, du wirst noch mehr aushalten müssen."

Plötzlich nimmt er die Feder weg und setzt sich ans Bettende. Streichelt mit der Feder meine Fußsohlen und dann die Beine hinauf. Meine Beine öffnen sich ganz von allein für ihn und seine Feder. „Ja John, hör nicht auf, ich komm gleich", hör ich mich flehen.

„Nein Jenny ich lass dich noch nicht kommen, mein kleiner Mann möchte auch noch was ab." Klein ist bei mir anders, denke ich mir bei dem Anblick, der mir sich bietet. Er ist so groß und glänzt im Schein der Kerzen.

"Dann gib ihn mir bitte jetzt, John: Ich halte das nicht mehr aus." Da berührt die Feder meinen Kitzler und ich bin schneller in einem gewaltigen Höhepunkt, als ich es für möglich gehalten hätte. Mein Fleisch bebt und zuckt, ich winde mich.

„Ja meine Süße, so ist es schön, lass deinen Saft für mich fließen." Plötzlich kniet John zwischen meinen Beinen und hat eine Kerze in der Hand. Er beginnt sie langsam in mich zu schieben. Meine Augen schließen sich, die Gefühle überwältigen mich.

„Ich möchte nur wissen, ob die Kerze wirklich kleiner wird bei der Glut einer Frau, Jenny." Immer wieder treibt er mich bis zum Äußersten und zieht die Kerze dann ganz aus mir zurück. Mein Körper ist so angespannt, dass ich um Erlösung flehe, aber er gibt sie mir nicht. Lässt mir immer wieder einige Minuten zur Erholung und beginnt dann das Spiel von Neuem. Erst als ich kurz vor einer Ohnmacht bin, lässt er mich noch einmal kommen, zieht dann die Kerze heraus und beugt seinen Kopf zwischen meine Schenkel. Zärtlich leckt er meinen Saft und brummt vor sich hin. Ich höre, wie er es genießt, mich wieder zu reizen, denn er nimmt meine Liebesperle zwischen die Lippen und saugt daran. Mein Becken beginnt wieder zu kreisen. Als er seine Finger in mich schiebt, zuckt mein Fleisch aufs Neue und ich schreie meine Lust heraus. Ich bekomme seine Haare zu fassen und drücke seinen Kopf fester an meine Liebesgrotte. Wann hat er mir die Fesseln abgenommen? Ich weiß es nicht, hab nichts davon bemerkt.“

Ja, John, hör nicht auf, du machst mich wahnsinnig.“ Lächelnd hebt er den Kopf und grinst mich an. „Simone, ich brauche dich jetzt. Sagt es und schiebt sich über mich. Er nimmt meine Beine und legt sie hinter seinen Kopf. Langsam dringt er in mich ein. Ein himmlisches Gefühl. Mmmmmmm. Wir bewegen uns jetzt im gleichen Rhythmus. Immer wieder stößt er fest in mich, treibt mich an, wird schneller und schneller. Wir schreien beide auf, als wir zusammen zu den Sternen fliegen. Als wir langsam wieder zu uns kommen, grinsen wir uns an.

„Das war himmlisch“, sagen wir beide wie aus einem Mund, streicheln uns noch ein wenig und ziehen uns dann an. Ein gelungener Nachmittag, denken wir beide und verabschieden uns. Wir werden uns nicht wieder sehen.

Die Unterwerfung

Ich verkehre schon länger in verschiedenen Chaträumen. Dass ich der Szene angehöre, gebe ich nur in wenigen Räumen klar zu erkennen. In meinen Profilen steht jedoch stets, dass Kontakte mit Personen unter 18 Jahren nicht erwünscht sind. Ich sehe das als meine persönliche Ehrlichkeit an, da es in vielen meiner Sitzungen auch um sexuelle Phantasien, Neigungen und Sehnsüchte geht. Auch halte ich mich hinter meinem Nick stets bedeckt und niemand kennt meinen wahren Namen. Bei einer solchen Sitzung traf ich auf eine Chatterin, die ich hier Cornelia68 nenne, auch wenn das nicht ihr wahrer Nick ist. Sie war auf mein Profil gestoßen, in welchem der Hinweis steht: „Wenn du das Außergewöhnliche suchst, dann melde dich bei mir.“.

Cornelia war neugierig geworden und nach einem recht kurzen Vorgespräch kamen wir auch schon zur Sache. Ich erklärte ihr, dass noch niemand je mein Gesicht gesehen hätte, was sie stutzig machte. Als Grund nannte ich, dass ich gerne das anonyme Spiel pflege und auch im Falle eines Treffens mein Gesicht hinter einer Maske verbergen würde. Sie fand diesen Gedanken reizvoll und so sprachen wir auch über unsere Wünsche. Rasch stellte ich fest, dass Cornelia wirklich neugierig wurde. Wir vereinbarten, uns zunächst gegenseitig in die Freundesliste aufzunehmen, um uns zu einem späteren Zeitpunkt im Chat erneut zu verabreden. So kam es in den nächsten Wochen zu zahlreichen Sitzungen und Gesprächen. Wir wurden uns immer vertrauter und irgendwann fragte Cornelia nach einem realen Treffen.

„Wenn du es wirklich möchtest, so habe ich einige Bedingungen, an die du dich zu halten hast", schrieb ich ihr und machte ihr spätestens jetzt klar, dass sie es mit einem Dom zu tun hatte.

„Welche Bedingungen hast du", fragte sie nach. Ich erklärte sie ihr und sie war einverstanden. Da ich generell die Frauen, mit denen ich verkehrte, an einen von mir gewählten Treffpunkt bestellte, verlangte ich das auch von ihr.

“Ich bitte dich jedoch, einer dir sehr vertrauten Person zu sagen, wo du hinfährst“, erklärte ich ihr. Sie fragte nach dem Grund und ich schrieb ihr, dass es ihrer eigenen Sicherheit diene, was sie als äußerst verantwortungsvoll empfand.

Wir verabredeten uns am Wochenende. „Ich werde einige Dinge mitbringen und dir am Treffpunkt Fragen stellen, die du zu beantworten hast. Außerdem halte dich bitte an die von mir befohlene Kleiderordnung“, erinnerte ich sie.

„Du und deine Kleiderordnung“, schrieb sie zurück. Ja, ich werde mich daran halten und keinen BH oder Höschen tragen. Außerdem die Bluse, welche vorne geknöpft sein soll und wenn es nicht zu kalt ist einen Rock“. Ich bestätigte es. Da es Sommer war, durfte diese Regel kein Problem sein. Ich schrieb ihr noch, dass ich auf Pünktlichkeit sehr viel Wert lege und am Treffpunkt höchstens eine halbe Stunde auf sie warten würde. Ich sagte ihr auch, dass sie dorthin kommen sollte, selbst wenn sie mich nicht auf Anhieb sehen würde. Sie könne sich aber gewiss sein, dass ich in der Nähe bin. Dieses Verhalten pflegte ich, seitdem ich in der Szene war. Ich wollte unsichtbar und lautlos sein, ich wollte, dass meine Partnerin für das Treffen bereits in Erwartung meines Kommens nervös wurde. Mit dieser Art hatte ich mir einen besonderen Ruf aufgebaut, der schon zu zahlreichen Treffen geführt hatte. Dieser Ruf ging so weit, dass Sklavinnen, und als solche betrachtete ich Cornelia, mich untereinander weiterempfahlen.

An dem besagten Tage hatte ich Cornelia auf einen Parkplatz bestellt, der in der Nähe eines Waldes lag. Hier war es recht einsam und still. Bereits eine ganze Weile zuvor hatte ich mich an einer Stelle versteckt, von wo aus ich den Parkplatz einsehen konnte. Ich wartete. Würde sie meine Bedingungen erfüllen und überhaupt kommen, fragte ich mich wie vor jedem Treffen. Es kam immer mal wieder zu Absagen oder auch Ablehnung in letzter Sekunde. Doch dieses Risiko nahm ich gerne in Kauf, denn es sollte alles frei und ungezwungen sein. Nur so konnte ich mir sicher sein, dass es zu dem kommen würde, was wir beide wollten.

Cornelia erschien tatsächlich mit ihrem Fahrzeug. Sie stellte den Motor ab und wartete. Ich sah aus meinem Versteck zu ihr herüber. Sie sieht sehr hübsch aus, stellte ich fest, während ich nun selbst eine Maske trug. Dann trat ich aus dem Versteck auf sie zu, öffnete die Türe auf der Beifahrerseite und stieg zu ihr in den Wagen.

„Hallo Cornelia, es freut mich, dass du gekommen bist“, sprach ich sie an. Sie sah zu mir herüber und erblickte die Maske.

„Willst du sie nicht abnehmen?“, fragte sie. Ich verneinte, denn so hielt ich es seit Langem.

„Ich nehme sie in dem Moment ab, da du dir die Augen verbinden lässt“, sagte ich zu ihr. „Bevor es jedoch so weit ist, möchte ich, dass du deiner Vertrauensperson mitteilst, dass du angekommen bist. Außerdem sollte sie erfahren, dass alles in bester Ordnung ist.“

Cornelia tat, wie ich es wünschte. Als sie das

Telefon zur Seite legte, sah ich sie erneut an. Ich ließ den Moment der Stille wirken, bevor ich die nächste Bedingung stellte.

„Nenne mir ein Wort, bei dem ich sofort mit meinem Tun aufhöre“, forderte ich sie auf. Auch diese Maßnahme diente der reinen Vorsicht, denn es sollte nichts geschehen, was sie nicht auch wollte. Das Codewort für heute war „Rotwein“. Ich merkte es mir. Nun erst betrachtete ich sie genauer. Sie hatte sich an die Kleiderordnung gehalten und ich bemerkte, dass sie bereits vor Erregung schneller atmete.

„Cornelia steige nun bitte aus dem Wagen“, forderte ich sie auf. Sie tat, wie ich es gewünscht hatte. Ich reichte ihr meine Hand und führte sie ein wenig in Richtung des Waldes, wo ich jedoch mitten auf dem Weg stehen blieb. Sie war erstaunt und sah fragend auf meine Maske.

„Cornelia, damit ich mir sicher bin, dass du das heutige Treffen wirklich willst, werde ich dich nun dreimal fragen. Antworte bitte ohne zu zögern und aus deiner innersten Empfindung heraus. Solltest du einmal Nein sagen, ist das Treffen an diesem Punkt beendet“, klärte ich sie auf. Sie nickte. „Also Cornelia, bist du willens mir am heutigen Tage zu dienen, ohne dass ich dich zwinge?“

„Ja, das möchte ich“, entgegnete sie. „Cornelia, du weißt, ich werde einige Dinge mit dir tun, von denen du jetzt noch nicht weißt, was es ist. Bist du trotzdem bereit, es zu wollen?“ Wieder antwortete sie mit Ja. Ich sah sie an. „Nun frage ich dich zum letzten Male, willst du mich als deinen Herrn anerkennen, dich mir unterwerfen und dienen. Wenn Ja, so gehe auf die Knie und sprich, ja, Herr, ich will!“ Sie zögerte keine Sekunde und ging auf die Knie. „Ja, Herr, ich will“, sprach sie und sah mich an.

Ich griff in meine Hosentasche und zog eine undurchsichtige schwarze Binde hervor. „Als Zeichen deines nun gegebenen Einverständnisses lege diese Binde an, auf dass ich meine Maske abnehmen kann“. Ich hielt ihr die Binde hin und sie tat, wie ich es wünschte. Nun endlich konnte ich meine Maske abnehmen.

Ich nahm meine Hand und berührte ihr Gesicht. Sie zuckte nicht einmal, sondern presste ihren Kopf gegen die Handfläche. Mit einem Finger fuhr ich ihr über Stirn, Augen, Nase und Mund.

„Öffne ihn", befahl ich schroff. Sie gehorchte erneut. Ich sah hinein. Es war ein einladender Mund, der mir sicherlich einiges an Freuden bereiten würde. Mein Finger glitt weiter abwärts, den Hals hinunter, über ihre Bluse hinweg, wobei ich ihre verdeckten Brüste umkreiste. Deutlich sah ich ihre Erregung, denn die Knospen richteten sich steil auf. Dann hörte ich plötzlich auf. Ich nahm zu ihrem Erstaunen ihre Hand.

„Ich werde dich nun an jenen Ort führen, wo du mir dienen sollst", erklärte ich ihr. Schon lange benutzte ich diese Waldhütte für das erste Treffen. Sie war zwar recht spartanisch, doch ideal für meine Bedürfnisse. Ich hatte sie mit einigen Dingen ausgestattet, die meinem Wünschen entsprachen. Den Weg dorthin gingen wir, ohne ein Wort zu sagen. Ich öffnete die Türe und schob sie hinein. Dann führte ich sie in die Mitte des Raumes und befahl ihr, stehen zu bleiben. Ich trat einige Schritte zurück und verharrte stumm und still. Kein Wort, kein Geräusch sollte nun die Stimmung verderben. Ich war gespannt, wie sie reagieren würde, wenn ich in der Defensive verharrte. Jede meiner Gespielinnen reagierte hier unterschiedlich. So ließ ich gut 5 Minuten vergehen. Mitten hinein in diese Stille kam mein Befehl.

„Öffne deine Bluse, auf dass du mir zeigst, was du anzubieten hast“, sprach ich mit einer gewissen Strenge in der Stimme. Sie tat, wie ich es wünschte. Ihre Brüste waren sehr ebenmäßig, ich schätze eine 65-C-Größe. Nun trat ich auf sie zu und zog ihr die Bluse aus, so dass sie oben herum völlig nackt war. Ich fasste sie an und hob sie etwas hoch. Sie hatte nichts dagegen, auch nicht als ich gezielt nach ihren Knospen griff und sie rhythmisch zog und zwirbelte. Es schien ihr zu gefallen, denn ein erster Seufzer entrann ihrem Munde. Nun stellte ich mich hinter sie und führte sie zu dem kargen Holztisch.

„Bück‘ dich nach vorn und stütze dich mit den Händen ab.“ Sie tat es. Nun hingen ihre Anhängsel frei herunter. Ich umfasste sie von hinten. Ich zog, presste und zerrte an ihnen, was ihr sehr guttat. Auch mir gefiel es. Nun wurde es Zeit, einen Schritt weiter zu gehen.“

„Lehne dich auf den Tisch“, verlangte ich. Sie tat es und streckte mir dabei ihr Hinterteil entgegen. Genauso hatte ich es gerne. Ich hob den Rock hoch und zerrte ihn so weit wie möglich nach oben. Dann fasste ich von hinten zwischen ihre Beine.

„Mach sie ein wenig weiter auseinander“, verlangte ich. Erneut tat sie es. Nun trat ich zurück und betrachtete sie nur.

„Du bist schön“, stellte ich fest. „Fragt sich nur, was du für mich tun wirst“, fragte ich.

„Alles, was mein Herr befiehlt“, antwortete sie. „Wirklich alles?“, fragte ich nach.

„Ja Herr, wirklich alles.“

„Wir werden sehen“, sprach ich zu ihr. Ich trat wieder an sie heran. Mit einer Hand fasste ich nach ihrer Möse und drang mit einem Finger in sie ein. Sie war bereits sehr feucht und erregt. Nun folgten ein zweiter und dritter Finger, die ich nun so tief wie möglich in sie schob, wobei ich sie etwas dehnte. Sie begann aufzustöhnen. Meine Stöße wurden schneller und fordernder.

“Oh ja, das tut gut“, fuhr ihr aus dem Mund. Ich machte weiter, bis sie sich gegen mich presste und mit einem lauten Schrei kam. Ich bemerkte, wie sich ihr Eingang verkrampfte. So sollte es sein.

„Das war der Anfang, Cornelia, aber noch lange nicht das Ende“, prophezeite ich ihr. Ohne lange zu warten, befahl ich ihr, nun auch den Rock auszuziehen. So stand sie nun vollkommen nackt da. Ich fasste wieder in meine Hose und holte ein Seil hervor.

„Lass dich binden und recke mir deine Arme entgegen“, sprach ich zu ihr. Sie tat es und so legte ich nun das Seil an ihre Hände. An ihm führte ich sie mitten in den Raum und steckte das Seil durch einen in der Decke angebrachten Haken. Dann zog ich an, bis ihre Arme straff nach oben standen. Das Ende des Seils fixierte ich an einem weiteren Harken am Boden. So stand sie nun mir völlig ausgeliefert mitten im Raum.

„Ich werde dich nun melken“, sagte ich zu ihr.

„Melken?“, fragte sie erstaunt „ich bin doch keine Kuh.“ Du wirst sehen, ich werde deinen Brüsten etwas Flüssigkeit entlocken“, versprach ich ihr. Schon seit Längerem hatte ich hier in der Hütte ein Arsenal an Dingen deponiert, die ich nun herbeiholte. Ich holte mehrere Dinge heraus. Zuerst verwendete ich einen spitzen Zahnstocher. Mit ihm stach ich rund um ihre Brüste etwas zu.

„Das kenne ich noch nicht“, äußerte sie sich verwundert. Ich dachte es mir, denn wenn ich spielte, dann nach meinen Regeln. So punktierte ich ihr beide Brüste bis an die dunklen Höfe heran, ohne ihre Knospen zu traktieren. Dann legte ich den Zahnstocher zur Seite und ergriff eine Feder. Mit einer Hand presste ich nun die erste Brust fest nach vorn und die Knospe wurde noch größer und härter. Dann stach ich mit dem Federkiel genau in die Mitte des Nippels. Sie schrie auf.

„Oh das ist gut!“, merkte sie an und so drehte ich die Spitze tiefer in den Nippel. Der von mir gewünschte Erfolg verblüffte sie, denn tatsächlich traten einige Tropfen hervor.

„Du kannst es wirklich!“, sprach sie erstaunt. Ich nahm die Tropfen mit einem Finger auf und führte sie an ihren Mund.

„Schmecke selbst“, forderte ich sie auf. Sie tat es. „Hm süß!“ Ja, so sollte es sein. Nun begann ich in gleicher Weise die andere Brust zu fordern. Auch hier kam ich zu dem gewünschten Ergebnis. Soweit war ich zufrieden mit ihr. Nun wurde es wieder Zeit, sie zu einem weiteren Orgasmus zu zwingen. Doch es sollte einer der besonderen Art sein. Die meisten kennen nur den vaginalen oder klitoralen Orgasmus. Ich aber wollte ihr den inneren Orgasmus schenken, eine Art, die fast unbekannt ist, deren Existenz mir jedoch bekannt ist. Zu diesem Zweck wird der innere G-Punkt durch den Analkanal gereizt, er ist ähnlich der einer Prostata-Stimulation beim Manne. Meine Gespielinnen waren stets sehr überrascht, wenn ich das tat. Ich stellte mich also hinter sie.

„Spreize deine Beine so weit es geht", befahl ich ihr. Sie tat es. Zuerst reizte ich sie wieder vaginal, wobei ich ihrem Kitzler besondere Aufmerksamkeit zukommen ließ, ich presste die kleine Perle etwas aus ihrem Versteck, was sie bereits zu einem weiteren Taumel veranlasste. Dann aber wendete ich mich meinem eigentlichen Ziele zu. Aus Hygienegründen hatte ich stets ein Paar sehr dünne Latexhandschuhe griffbereit. Diese zog ich nun an. Ich zog ihre Pobacken weit auseinander.

„Willst du es?", fragte ich streng. „Ja Herr, ich will, bediene dich meiner wie immer dir gelüstet." Ich tat es und schob meinen Finger erst behutsam, dann aber immer stärker in ihren Po. Ich ertastete genau jene kleine Stelle dort und massierte sie.

„Was ist das, was ist das“, fragte sie erstaunt. Ich lächelte sie an, ohne dass sie es sah.

„Gefällt es dir?“, fragte ich, während ich weiter diesen Punkt berührte.

„Herr, was tust du mit mir, das kenne ich nicht“, sprach sie in flehendem Tone. Ich trieb sie nun so weiter, bis sie erneut aufschrie und sich in die Fesseln warf.

„Ja, ja, ja“, stöhnte sie. „Komm Herr, nimm mich, ich will dich fühlen“, verlangte sie. Ich jedoch verweigerte mich. „Noch bekommst du mich nicht, denn auch wenn ich dein Herr bin, so geht es hier in erster Linie um dich.“ Mit dieser Art hatte ich fast jede Frau, mit der ich hier verkehrte, überrascht. Es war meine Eigenart, sie nicht zu nehmen. Das hatte nichts mit meiner Potenz zu tun, sondern vielmehr mit dem mir selbst verordneten Kodex. Ich hatte ja meinen Spaß daran, die Frauen bis an die Grenze des Wahnsinns zu treiben und ihren Horizont zu erweitern. Erst ganz zum Schluss würde ich sie belohnen. Doch noch war ich des Spieles nicht müde. Ich band sie los und führte sie erneut zum Tisch, wo sie sich auf den Rücken legte. Ich kniete mich nun vor ihr hin, schob meinen Kopf zwischen ihre Beine und leckte sie aus, bis sie wieder kam. Sie schien nach diesem Male erschöpft zu sein. Und erst jetzt schlug meine Stunde. Ich holte wieder meine Maske hervor und legte sie an. Dann zog ich ihr die Augenbinde herunter.

„Knie dich vor mich hin", befahl ich. Sie erhob sich vom Tisch und tat, was ich verlangte. Erst jetzt öffnete ich meine Hose und ließ sie auf meine Männlichkeit blicken. Sie nahm ihre Hände und massierte mich, was meiner Erregung zutrug.

„Darf ich ihn haben", fragte sie. Ich erlaubte es ihr und so begann sie, mich oral zu befriedigen. Während sie das tat, griff ich wieder nach ihren Brüsten, zerrte und riss an ihnen, so fest es nur ging. Es schien ihr nichts auszumachen, denn zu sehr war sie mit ihrem Werk beschäftigt. Bereits nach kurzer Zeit erlaubte ich mir, die Schwelle zu überschreiten und ergoss mich in ihrem Munde. Sie nahm alles in sich auf. Für mich war dieser Moment das Finale unserer Sitzung. Es wurde Zeit, es zu beenden. Ich dankte ihr für ihre Dienste und sagte ihr, sie solle sich wieder anziehen, was sie mit einigen Einwänden auch tat.

„Wenn es dir gefallen hat, können wir uns jederzeit wieder treffen", bot ich ihr an. Sie nickte. Nachdem wir komplett angekleidet waren, führte ich sie zurück zum Auto.

„Soll ich dich irgendwo hin mitnehmen", fragte sie. Doch ich verneinte. „Ich bin aus dem Unsichtbaren gekommen und werde ins Unsichtbare gehen, denn so halte ich es seitdem ich in der Szene bin", sprach ich. Sie umarmte mich noch einmal und stieg dann ins Auto. Ein letzter Blick in meine Richtung, dann fuhr sie davon. Ich selbst aber begab mich auf jene Wege durch den Wald, die nur mir bekannt waren.

Zwei Tage später bekam ich im Chat eine Nachricht von Cornelia. Sie wünschte sich ein weiteres Treffen und fragte, ob sie eine Freundin mitbringen dürfte. Ich hatte nichts dagegen. Aus diesem Kontakt entwickelten sich nun häufige Treffen, die wir über viele Jahre dort im Wald verbrachten. Nie jedoch wurde daraus Liebe oder mehr, denn ich bin ein Dom und lebe gerne einsam!

Die Schülerin

Ich war mal wieder auf einer der Autobahnen in Richtung Süden allein unterwegs. An einer Raststätte sah ich einen Herrn mittleren Alters, der den Daumen hochhielt. Da ich gerne in Gesellschaft reiste, hielt ich an und nahm ihn mit. Auf der weiteren Fahrt kamen wir ins Gespräch. Ich erfuhr, dass seine Familie in München lebte und auch, dass er Probleme mit seiner Frau hatte. Ich fragte ihn wieso und er berichtete mir. So erfuhr ich, dass er ihre Wünsche nach der etwas anderen Art nicht erfüllen wollte. Diese unbefriedigten Wünsche seiner Frau hatten schon des Öfteren zu Problemen und Spannungen geführt. Ich gab ihm zu erkennen, dass ich sehr wohl in dieser Hinsicht keine Probleme habe und als Dom über einiges an Erfahrung verfügte. Ihn schien dieses Thema zu interessieren und so berichtete ich über verschiedene Treffen. So verflog die Zeit und wir gelangten an jene Ausfahrt, wo er aussteigen wollte. Wie kann ich mit Ihnen in Kontakt treten?“, fragte er mich. Ich nannte

ihm meine e-mal-Adresse, da ich niemals meine Telefonnummer weitergab. Er verabschiedete sich und ich fuhr weiter.
In den nächsten Wochen hörte ich nichts von ihm. Dann aber fand ich eine Mail, in der er mich bat, Kontakt mit ihm aufzunehmen. Ich rief ihn an. Er freute sich über meinen Anruf und berichtete mir, dass er lange über unsere Gespräche nachgedacht habe. Dann kam er zur Sache. Seine Frau war immer unzufriedener geworden. Sie ging sogar so weit, dass sie ihm drohte, ihn zu verlassen oder sich einen Mann suchen würde, der ihre Wünsche erfüllte. Um ihr zuvorzukommen, hatte er von mir berichtet. Seine Frau schien sehr interessiert und hatte ihn bedrängt, mit mir Kontakt aufzunehmen. Er bat mich zum Schluss darum, mich seiner Frau anzunehmen, da er mir vertraute. Ich hatte zuerst meine Bedenken, doch er bedrängte mich weiter. „Helfen Sie mir, meine Ehe zu retten“, flehte er mich an. Erst jetzt willigte ich ein. Wir vereinbarten einen Termin in seiner Nähe, wo er mir seine Frau vorstellen sollte. Erst wenn ich mir sicher war, würde ich einwilligen. Er war froh über meine Entscheidung und wollte sogar die Kosten für

die Unterkunft und Anreise übernehmen. So kam es, dass ich eine Woche später vorstellig wurde. Ich war zu dem Hotel gefahren, vor dem ich wartete. Wenig später fuhr auch er vor. Er stieg aus und begrüßte mich.
„Schön, dass Sie gekommen sind", sprach er.
„Lass uns zum Du übergehen", schlug ich vor. Er willigte ein. Dann ging er zur Beifahrertüre und öffnete sie.
„Das ist meine Frau Angelika", sagte er und bat die Frau, auszusteigen. Es entstieg eine sehr schlanke Frau mit langen blonden Haaren. Ich sah sie an und fragte mich zugleich, wieso er solch einer Frau zuliebe nicht selbst über seinen Schatten sprang. Sie sah mich an und bemerkte, dass ich sie musterte. Dann wendete ich mich wieder ihm zu.
„Bist du dir wirklich sicher, dass ich mit ihr ins Hotel gehen soll? Noch kannst du Nein sagen!" Statt zu antworten, nahm er den Arm seiner Frau und führte sie zu mir.

„Das ist meine Antwort auf deine Frage. Tue es einfach."
„Moment bitte, ich möchte mich hier und jetzt vergewissern, dass Angelika es auch will." Ich

wandte mich ihr zu. Mein Blick wurde forschend.
„Angelika, ich frage dich, ob es dir ernst ist, mit mir in dieses Hotel zu gehen und dort das zu tun, von dem du immer redest?“ Sie sah mich an und zögerte. „Nun, wie entscheidest du dich?“, fragte ich nach. Sie nickte nur.
„Sag es!“, fuhr ich sie an. „Ja, ich möchte mit dir in das Hotel gehen.“ Das aber war mir nicht genug.
„Geh auf die Knie und beweise mir so, dass du es ernst meinst“, forderte ich.
„Muss das sein?“, fragte sie ängstlich.
„Ja, denn ich bestehe darauf. Tust du es nicht sofort und gehorchst, so werde ich mich umdrehen und fahren!“ Sie ging tatsächlich auf die Knie.
„Sieh mir in die Augen und sprich, Herr, ich will es!“ Sie sah zu mir hoch.
„Ja Herr, ich will es.“ Ich sah zu ihrem Mann.
„Du siehst, sie will es. Nun liegt es letztendlich an dir, zuzustimmen, denn ich werde es nicht ohne dein Einverständnis tun.“ Er nickte und sprach:
„Tu es für sie und mich.“ Ich bat Angelika, aufzustehen.

Gemeinsam betraten wir das Hotel.

Kaum auf dem Zimmer angekommen, spürte ich erneut ihre Unsicherheit. Ich hatte mir vorgenommen, meiner Schülerin die ganzen Spielarten des BDSM zu zeigen. Aus diesem Grunde führte ich eine Tasche mit mir, in der jene Dinge waren, die ich benötigen würde. Zuvor galt es noch einiges zu klären.
„Gib mir ein Codewort“, forderte ich sie auf.
„Was für ein Codewort?“, fragte sie nach.
“Du sollst nicht fragen, sondern gehorchen, also gib mir ein Wort, an dem für dich die Grenze erreicht ist!“
„Ich brauche kein Codewort“, widersprach sie.
Ich wurde langsam ärgerlich, denn ich bestand darauf. Außerdem mochte ich ihren Widerstand nicht. Es war an der Zeit, ihr eine Lehre zu erteilen.
„Auf die Knie – Sklavin“, befahl ich ihr. Sie gehorchte, denn meine Stimme war sehr scharf geworden.
„Merke dir eins, ich dulde keine Widerworte oder Gegenfragen. Wenn ich dir etwas befehle, so tue es gefälligst. Und nun gib mir ein Wort!“ Jetzt nannte sie mir eins, es hieß „Alf-

red.“ Ich war zufrieden. Noch immer kniete sie und das sollte noch eine Weile so bleiben, denn nun ließ ich mir Zeit. Ich schwieg und ging durch das Zimmer, prüfte das Bett und tat so, als sähe ich sie gar nicht. Als sie sich jedoch bewegte, schnellte ich auf sie zu.

„Habe ich dir erlaubt, dich zu rühren!“, fuhr ich sie an. Sie zuckte zusammen. Damit hatte sie wohl nicht gerechnet. Wieder ließ ich mir Zeit, denn ich wollte sie so provozieren, auf das ich sie bestrafen konnte. Doch sie blieb, wo sie war. Nachdem es mir reichte, forderte ich sie auf, sich hinzustellen. Sie tat es sofort. Anscheinend hatte sie begriffen, dass ich es ernst meinte.

„Zieh dich aus!“, befahl ich. Nun waren wir an dem Punkt, wo es zur Sache gehen sollte. Sie begann damit, langsam und verführerisch meinem Befehl zu folgen.

„Was wird das?“, fauchte ich. „Du sollst dich ausziehen und keine Show machen. Also dalli.“ Nun legte sie rasch Bluse und Hose ab. Beim BH zögerte sie jedoch erneut. Jetzt reichte es mir.

„Knie dich aufs Bett“, befahl ich und griff ihr zur Unterstreichung in den Nacken, um sie

dort hin zu bugsieren. Ich wollte ihr zeigen, dass ich bisher noch recht sanft gewesen bin, jedoch auch anders konnte.
So beugte sie sich. Ich fasste mit einem Arm um sie herum und zog ihr den BH rasch vom Leib. Ohne mich um sie zu kümmern, ergriff ich ihren Slip und zog auch den ihr aus. Dabei war ich nicht gerade sanft. Schließlich hatte sie ja diese Wünsche geäußert, auf die harte Tour genommen zu werden. Das konnte sie haben.
„Stütze dich auf deine Arme und gehe dabei auf die Knie“, befahl ich. Sie tat es und ich bemerkte, dass es ihr durchaus gefiel, wenn ich sie so forderte. Ich stellte mich hinter sie.
„Ich werde dich erst mal begutachten, um zu sehen, ob du es überhaupt wert bist, dass ich mich mit dir befasse“, machte ich ihr klar. Ich sah ihren schmalen Rücken und die sich deutlich abzeichnende Wirbelsäule. Ihr Hinterteil war recht flach aber ohne jeden Fettansatz. Ich nahm eine Hand und fuhr zwischen ihre Beine, um mich an ihrem Vordereingang zu beschäftigen. Ich fragte nicht mehr, sondern handelte. Rasch waren drei Finger in ihr und bahnten sich ihren Weg. Sie war mehr als nur erregt, denn ihre Säfte flossen regelrecht aus ihr her-

aus. Sie begann zu stöhnen und zu winden. Meine Stöße wurden noch härter, noch fordernder. Dieser Frau würde ich zeigen, was es hieß, sich mit einem Dom einzulassen. Ihr Unterleib schien zu schwimmen, so viel Flüssigkeit kam aus ihr. Ich war überrascht. So hörte ich nicht auf, bis sie ihren Orgasmus erreichte. Sie wollte sich aufs Bett werfen, doch zog ich blitzschnell meine Finger zurück, umfasste sie an der Hüfte und zog sie zu mir nach hinten. Sie keuchte nur noch, als wäre sie schnell gelaufen. Wenn sie nun dachte, ich würde ihr eine Pause gönnen, dann hatte sie sich geirrt. Ich würde sie ohne Unterbrechung fordern und es war an der Zeit, dass sie neue Befehle erhielt. Ich ließ sie los, setzte mich aufs Bett und sah sie an.
“Stell dich hin“, forderte ich sie auf. Sie tat es und drehte sich zu mir. Mein Blick wurde stechend.
„Besorge es dir mit der Hand“, verlangte ich. Hier zögerte sie plötzlich.
„Habe ich mich nicht klar ausgedrückt? Du sollst es dir selbst besorgen. Ich will es sehen!“, Sie zögerte immer noch. Jetzt riss mir der Geduldsfaden. Ich schnellte vom Bett

hoch, ergriff ihre rechte Hand und presste sie ihr an ihr Geschlecht.

„Steck deine verdammte Hand da rein“, brüllte ich nun. Jetzt endlich tat sie, was ich wollte, oder zumindest versuchte sie es.

„Kannst du dich noch nicht einmal selber ficken“, tadelte ich sie. „Was soll das Ganze? Willst du mich verärgern. Wenn du es nicht sofort und richtig tust, werde ich dich züchtigen!“ Sie schien es darauf anzulegen, denn ihr Tun grenzte bereits an eine Verweigerung. Das aber durfte nicht sein.

„O. k., du willst es nicht anders“, entschied ich. Ich nahm meine Tasche und entnahm ihr eine Weidenrute sowie einen dicken, kurzen Schlauch. Beides zeigte ich ihr.

„Es ist meine letzte Warnung“, drohte ich ihr, doch abermals blieb sie stur. Ich nahm den Schlauch und presste ihn so tief es nur ging in sie hinein. Dann griff ich zur Rute und begann, gezielt auf ihre Brustwarzen zu schlagen. Erst waren die Schläge nur ein sanftes Streicheln, doch bemerkte ich, wie sehr es sie erregte. Die Schläge wurden härter, ihr Brustwarzen immer größer. Wieder begann sie zu stöhnen.

„Bück dich wieder“, befahl ich. Sie kam meinem Wunsch nach. Nun traktierte ich ihr Hinterteil, wobei der eine oder andere Schlag zwischen ihre Beine ging. Jetzt kam sie voll auf Touren. Sie forderte regelrecht und ich tat es. Sie griff nun mit beiden Händen zum Schlauch und begann, ihn in sich hin und her zu ziehen. Endlich hatte ich sie dort, wo sie hin sollte. Ich legte die Rute beiseite und ergriff von hinten ihre Brüste, an denen ich nun zerrte und presste so fest es mir nur möglich war. Aus dem Stöhnen wurden schrille Schreie und dazwischen ein flehendes Wimmern. Nach kurzer Zeit hielt sie es nicht mehr aus und überschritt die Grenze. Dieses Mal ließ ich sie aufs Bett fallen. Sie röchelte regelrecht, der Schlauch war noch immer in ihr. Ich zog ihn ihr heraus. Er glänzte von ihrem Saft.

„Du, du Bastard, was machst du mit mir?“ Sie schien zufrieden. Doch noch war das Spiel nicht beendet. Ich würde sie so lange fordern, bis sie darum flehen würde aufzuhören, selbst wenn ich sie noch etliche Male an ihre Grenzen führte.

Damit das Spiel fortgesetzt werden konnte, nahm ich sie bei der Hand und führte sie ins Bad. Dort am Waschbecken beugte ich sie.

„Bleib so stehen“, forderte ich. Ich sah mich um. Dort war die Duschecke. Ich sah genauer hin und fand eine viel bessere Möglichkeit, sie zu fordern. Ich nahm den Duschschlauch aus der Halterung und schraubte den Kopf ab.

„Komm hierher“, forderte ich sie auf. Sie stellte sich in die Dusche, wo ich ihr den Schlauch zeigte.
„Jetzt wirst du gereinigt“, prophezeite ich ihr. Sie sah mich erstaunt an. Ich nahm den Schlauch und presste ihn in sie. Dann drehte ich den Hahn auf. Das Wasser spritzte in sie und floss aus ihr heraus. Ich bewegte den Schlauch in ihr und sie genoss es, doch das reichte mir nicht. Ich drehte den Hahn wieder zu.
„Bück dich ganz weit runter und dann den Hintern schön hoch.“ Sie tat es. Wieder drehte ich das Wasser an. Ich führte den Schlauch von hinten an ihren Anus.
„Du willst es doch nicht tun?!“, fragte sie.
„Oh doch, Sklavin, bestätigte ich. Ich presste ihn hinein und kaum war der erste Widerstand überwunden, konnte ich ganz tief den Schlauch einführen.

„Halt, stopp, ich muss aufs Klo“, wehrte sie sich. Ich drehte das Wasser ab und zog den Schlauch heraus. Sie stürmte zur Toilette, wo sie sich hinhockte. Ich sah zu ihr.
„Willst du mir etwa beim Scheißen zusehen?“, fragte sie.
„Warum nicht“, bestätigte ich ihre Vermutung.
„Alfred!“, schrie sie regelrecht. Das war das Codewort. Ich verließ das Bad.
Im Schlafzimmer wartete ich auf sie. Es dauerte nicht allzu lange. War nun das Spiel zu Ende, oder wollte sie weitermachen. Ich sah sie an und bemerkte, dass sie noch mehr wünschte.
„Komm her“, wünschte ich. Sie tat es.
„Geh auf alle viere“, verlangte ich.
„Bitte gehe nicht mehr an meinen Po“, merkte sie an. Der war mir letztendlich egal. Es gab noch viel schönere Spielplätze an ihr. Ich schob mich unter sie. Ihre Brüste ragten direkt vor mir auf.
„Jetzt sollen deine Titten mir dienen“, verlangte ich. Ich ergriff eine der beiden und presste sie mit beiden Händen fest zusammen, dann zog und presste ich sie. Sie fing wieder an zu stöhnen. Ich zog sie nun zu mir herunter und

nahm die Brust in meinen Mund, um so viel wie möglich von ihr aufzunehmen. Sie schmeckte herrlich und ließ sich wunderbar saugen. Wieder stöhnte Angelika.
„Nimm dir alles, bitte!!“, flehte sie. Ich biss jetzt sogar etwas zu, um den Nippel vollkommen zu verschlucken. Ich nahm meine Hände fort und griff ihr wieder zwischen die Beine. Meine Finger hakten sich in ihre Vagina und zogen daran, wobei ein Finger über ihrer Klitoris streichelte. Es schien um Angelika geschehen, denn nun brach der Sturm los. Sie wand sich unter meinem Tun und genoss es. Dann war es wieder so weit. Denn sie kam mit einem lauten Schrei. Meine Hand zwischen ihren Beinen war vollkommen nass. Sie legte sich auf mich. Noch immer hatte ich ihre Brust in meinem Mund.
Ich gab ihr etwas Zeit sich zu erholen. Während dieser Zeit zog ich mich unter ihr hinweg. Bisher hatte Angelika schon eine Menge Spaß gehabt, doch nun wollte ich sie. Doch habe ich eine Vorliebe für den Analbereich. So wollte ich sie nehmen. Ich sah sie an.
„Du hast mir versprochen, mir zu dienen und meine Sklavin zu sein.“

“Ja, das hab ich und du kannst immer noch tun, was du willst.“

„Egal, was ich verlange?“

„Ja!“ Ich stand auf und zog mich aus. Sie sah mir dabei zu. Dann sah sie meine Männlichkeit. Sie kam auf mich zu.

„Darf ich ihn schmecken?“, fragte sie. Ich erlaubte es und so machte sie sich darüber her, während ich ihr wieder an die Brüste fasste. Doch wollte ich sie nicht so, sondern eben hinten. Inzwischen hatte sie mich so weit gereizt, dass er wie ein Pfahl stand.

„Ich will dich nehmen, so wie ich es möchte“, verlangte ich von ihr.

„Und wie möchte mich mein Herr?“, fragte sie. Ich sah sie nun mit funkelnd bösen Augen an.

„In deinen Po soll er.“ Sie sah mich entsetzt an.

„Wirklich dort rein?“, fragte sie nach. Ich nickte. Fast unwillig wendete sie mir ihr Hinterteil zu.

„Ich werde dich ein wenig vorbereiten“, erklärte ich ihr. Ich griff zu meiner Tasche und holte eine Art schlanken Kegel hervor, der an der Spitze abgerundet war. Mit ihm begann ich behutsam ihren Schließmuskel zu massieren. Es schien ihr zu gefallen, denn sie presste sich nun dagegen. Langsam versank der Kegel in ihr.

„Das ist gut", stellte sie fest. Ich drehte den Kegel nun und während ich das mit der einen Hand tat, griff ich mit der anderen erneut in ihre Vagina. So wurde sie nun in beiden Eingängen gefistet. Sie begann, sich zu winden und ließ ihr Hinterteil kreisen. Langsam zog ich den Kegel heraus, um meine Männlichkeit in das Loch zu pressen.

„Oh, ah, das tut so gut, bitte hör nicht auf", flehte sie. Ich nahm meine Hände zurück, umfasste ihre Hüften und zog sie rhythmisch zu mir.

„Ja, oh ja, hmm, ist das gut. Ich hätte nicht gedacht, dass es so schön sein kann." Angelika bebte am ganzen Körper. Sie nahm eine Hand und rieb sich ihre Brüste, während ich immer tiefer in sie eindrang. Dann war er tief drin und ich begann, sie zu rütteln und zu schütteln. Sie stieß jetzt gegen mich und brachte mich zum Höhepunkt. Mit einem letzten kräftigen Stoß entleerte ich mich in ihr. Auch sie ließ sich über die Schwelle tragen und fiel wieder nach vorn. Langsam zog ich mich zurück. Sie war eine wirklich gute Sklavin, stellte ich fest.

Inzwischen waren mehrere Stunden vergangen und so langsam war es an der Zeit, das Spiel zu beenden. Ich sagte es ihr. Sie sah mich an.
„Bitte Herr, ich möchte ihn noch einmal haben", flehte sie mich an. Ich war überrascht von ihr und willigte ein.
„Aber erst muss er gewaschen werden", sagte ich ihr. Ich ging ins Bad, wohin Angelika mir folgte.
„Darf ich ihn waschen?" Ich nickte und sie tat es mit sehr viel Gefühl. Noch hier im Bad ging sie in die Hocke und nahm ihn in den Mund. Sie saugte und biss leicht zu, was allerdings sehr angenehm war. Sollte sie doch ihre Freude haben, dachte ich mir und legte meine Hände um ihren Kopf, um sie ganz nah an mich zu ziehen. Dann half ich ihr, den rechten Takt zu finden. Meine Hände glitten tiefer. Ich fand ihre Brüste und zogen an ihnen fest, was sie noch mehr anstachelte. Ich sah, wie sich unter ihr eine Pfütze aus ihrem Saft bildete. Sie war hoch erregt. Dann kam ich erneut und presste

jetzt ihre Titten so fest es nur ging. Sie nahm alles auf und leckte sich danach den Mund.

„Das war lecker“, meinte sie und ihre Augen glänzten. Nach diesem Mal war es endgültig Zeit, die Sitzung zu beenden. Ich ging ins Schlafzimmer und kleidete mich an. Sie tat es mir nach und gemeinsam verließen wir das Hotel. Draußen vor der Türe rief sie ihren Mann an, damit er sie abholte. Auch für mich wurde es Zeit heimzufahren. Ich wollte mich gerade in den Wagen setzen, als Angelika rasch zu mir kam. „Danke“, sprach sie, „du hast mir das gegeben, was ich schon immer wollte.“ Sie steckte ihren Kopf zu mir und küsste mich. Danach verschwand ich.

Tage später kam eine E-Mail. Angelika meldete sich und bedankte sich nochmals für den Tag. Dann bat sie um weitere Treffen. Ich habe nicht geantwortet, denn auch wenn sie meine Schülerin gewesen war, so verbot es sich für mich, dass mehr daraus wurde.

Habe ich alles schon erlebt?

Es war an einem jener Tage gewesen, von denen man nicht wusste, was man machen sollte. Wie schon so oft war ich im Chat unterwegs und hatte einige belanglose Gespräche geführt. Meist waren es Bekannte gewesen, die ich begrüßte. Ich wollte mich bereits verabschieden, als ich von einer mir völlig unbekannten Chatterin angeschrieben wurde. Sie wunderte sich über meinen Nick und fragte, was er zu bedeuten hätte. Ich klärte sie in groben Zügen auf. So begann ein Gespräch, mit dem ich nicht mehr gerechnet hatte. Es stellte sich heraus, dass sie schon seit längerem nach interessanten Gesprächspartnern gesucht hatte. Nun, so interessant war ich ja auch nicht, doch aus irgendeinem Grunde schrieb ich weiter, obwohl mir eigentlich gar nichts an diesem Gespräch lag. Es zog sich über viele Stunden hin und irgendwann fragte sie ganz spontan, ob wir uns nicht einmal real treffen könnten. Ich hatte nichts dagegen und so kamen wir überein, es bereits in den nächsten Tagen zu tun.

Sie nannte mir ihren Vornamen, Susi hieß sie. Nun galt es noch, den Treffpunkt und Zeitpunkt festzulegen. Wir kamen überein, uns in einem Café in meiner Stadt zu treffen.

So kam es, dass ich mich wie verabredet dort einfand. Wir hatten ein Erkennungszeichen ausgemacht, ein harmlos wirkendes Buch, das sie bei sich trug. Durch das Fenster des Cafés sah ich sie am Tisch sitzen. Vom ersten Eindruck her war sie eine unauffällige Person mit einem Allerweltsgesicht. Ich ging hinein und begrüßte sie. In diesen ersten Sekunden entschied es sich, ob ich lieber gleich wieder gehen oder bleiben würde. Sie bat mich, Platz zu nehmen. Wieder kamen wir ins Gespräch. Nach gut einer Stunde hatte sie soweit Vertrauen gefasst, dass sie mir auch sehr intime Dinge anvertraute. So erfuhr ich auch, dass ihr Liebesleben dem typischen Standard entsprach, sie kaum mal was Neues riskierte und sie auch sonst nur ganz normal war. Eigentlich war sie für mich als Dom vollkommen uninteressant. Dann fragte sie mich über diese Dinge aus. Ich schilderte ihr ansatzweise von meinen Neigungen zum BDSM, was sie erschreckte.

„Ich kann mir nicht vorstellen, dass es eine Frau mag, wenn sie gedemütigt und bestraft wird“, merkte sie an und kritisierte auch sonst mit üblichen Klischees des Laien mein Verhalten. Ich ließ sie reden. Nun begann ich, ihr zu berichten, wie ich es sah und versuchte, ihr klarzumachen, dass vieles von dem nicht zutraf, was sie vorgebracht hatte. Ich bot ihr an, sie ganz vorsichtig in diese bizarre Welt einzuführen.

„Eigentlich habe ich schon vieles erlebt und doch bin ich zugegebenermaßen etwas neugierig geworden“, stellte sie zum Schluss fest. Wir beendeten unser Gespräch hier.

„Du kannst es dir ja in Ruhe überlegen“, schlug ich ihr vor und verabschiedete mich von ihr.

So verbrachte ich den Tag mit einem Stadtbummel. Ich ging durch die Straßen der Stadt, ohne ein bestimmtes Ziel zu haben. Schon hatte ich Susi vergessen, als sie unverhofft meinen Weg kreuzte.

“Hallo, schön dich zu sehen“, begrüßte sie mich. Rasch kamen wir wieder ins Gespräch und dieses Mal kam sie von sich aus auf das Thema. Unbewusst führte unser Weg aus dem Stadtkern in den nahegelegenen Wald. Hier war es ganz still und einsam. Trotzdem verspürte sie keinerlei Angst, wie sie mir bestätigte. Ich berichtete ihr hier über die ungeschriebenen Gesetze des BDSM und auch wie ich sie handhabe.

„Du würdest also nie etwas tun, was ich nicht möchte?“, fragte sie.

„Nein, niemals“, versicherte ich ihr. Wir gingen weiter und kamen zu einer Art Unterstand. Hier blieb sie stehen.

„Was müsste ich tun, damit du mir ein wenig von dieser Art zeigst?“, fragte sie nach.

„Als Erstes müsstest du mich als deinen Herrn und Gebieter anerkennen“, gab ich ihr zu verstehen. „Doch bevor es zu irgendetwas kommt, brauchen wir ein Schutzwort, das absolut verbindlich ist. Sobald du es aussprichst, ist an dieser Stelle Schluss“, machte ich ihr klar.

„Mal angenommen ich würde deinem Wunsche folgen, was würdest du mit mir machen?“

„Das kommt ganz darauf an, wie weit es geht und was passiert. Ich habe keine festgelegte Art und Weise, sondern tue es spontan“, machte ich ihr klar.

Sie nickte.
„Ich mag spontane Menschen“, stellte sie fest, um dann fortzufahren: „Also gut, warum sollte ich mal nicht über meinen Schatten springen. Du hast mir ja versichert, dass mir nichts passieren kann.“ Ich riet ihr, einen Freund oder eine Freundin zu informieren, dass sie sich mit mir traf.

“Auch das ist eine Vorsichtsmaßnahme für dich, denn so würde für den Fall der Fälle vorgesorgt sein.“

„Du denkst wirklich an alles“, lobte sie mich. „Also gut. Was machen wir nun?“ Ich schlug ihr vor, zunächst den Ort zu wechseln, denn hier würde ich bestimmt nicht beginnen, sie einzuweihen. Es gibt einen Ort, der mir bestens bekannt ist und an dem ich alle Möglichkeiten hatte. Ich bot ihr an, dorthin zu fahren. Sie willigte ein und so fanden wir uns recht bald an meinem geliebten Parkplatz wieder. Hier bat ich sie, jene Freundin zu informieren, wo sie sei. Außerdem sollte sie einen Zeitraum bestimmen, in der sie sich bei ihr wieder melden würde. Würde dieser Zeitraum überschritten, könnte ihre Freundin nach ihr suchen. Sie tat, wie ich es wünschte. Nachdem sie ihr Gespräch beendet hatte, verlangte ich das Codewort. Spontan nannte sie mir „Hund." Ich wiederholte mein Versprechen, mich daran zu halten. Dann sah ich sie an.

„Wie fühlst du dich?", fragte ich nach.

„Ich bin etwas nervös", gestand sie mir ein. Ich bot ihr an, etwas spazieren zu gehen, damit sie sich beruhigen konnte. Auch hier willigte sie ein.

So gingen wir in den Wald. Ohne dass sie es wusste, wählte ich den Weg zu der Hütte. Es sah so aus, als kämen wir zufällig vorbei. Ich tat so, als wolle ich mal sehen, ob sie offen war. Sie hatte nichts dagegen und so traten wir ein. Jetzt war für mich der Zeitpunkt gekommen, den ersten Schritt zu wagen. Ich drehte sie zu mir.

„Susi, jetzt wo wir hier sind, frage ich dich, ob du mich als deinen Herrn anerkennst? Antworte mit Ja oder Nein.“ Sie überlegte einen Moment und antwortete mit Ja.

„Ich sagte dir bereits, dass ich ein dominanter Mann bin und gewisse Vorlieben habe. Bist du bereit, mir dienlich zu sein und die Taten anzunehmen, welche ich an dir ausüben werde?“ Nun wurde sie doch etwas verlegen.

„Ist das dein Ernst, was du sagst?“, fragte sie nach. Ich bestätigte es ihr. Trotz Bedenken willigte sie auch hier ein.

„Susi, ich muss dich noch einmal fragen, ob du wirklich bereit bist, es zu wollen. Wenn ja, gehe auf die Knie und sage Ja. Bei einem Nein möchte ich dich zurückbringen in die Stadt

und damit das hier beenden." Sie spürte, wie ernst es mir damit war. Daher zögerte sie abermals, bevor sie auf die Knie ging und nochmals mit Ja antwortete. Ich sah zu ihr herunter und schwieg. So baute sich eine gewisse Spannung auf, die letztendlich als Voraussetzung für das Spiel war. Ich bat sie aufzustehen. Wieder sah ich sie an.
„Da du mich als deinen Herrn anerkannt hast, möchte ich dich nun begutachten", machte ich ihr deutlich. Sie sah mich irritiert an.

„Was verstehst du unter begutachten", fragte sie nach. Ich erklärte es ihr und machte ihr nochmals deutlich, dass sie jederzeit abbrechen konnte.

„Es reicht das Codewort und schon ist Schluss." Sie stand nun da und schien nicht zu wissen, was sie wollte. So übernahm ich den ersten Schritt. Ich nahm meine Hand und streichelte sie vom Kopf abwärts. Rasch führten meine Bewegungen in jene Regionen, wo es interessant wurde. Ich legte meine Hand auf eine ihrer Brüste und tastete sie ab. Sie ließ es zu und sah mir dabei in meine Augen. Ich verstärkte den Druck und grub mich durch die Kleidung in ihren BH. Ein erstes Zittern durchfuhr ihren Leib, als ich die verdeckte Knospe ertastete. Dann nahm ich meine Hand zurück und stellte mich hinter sie. Wieder ließ ich meine Hand abwärts gleiten. Sie fuhr die Wirbelsäule entlang bis hinunter zu ihrem Hinterteil. Spontan fasste ich ihr zwischen die Beine und tastete nach ihrem Geschlecht. Ich schob meine ganze Hand unter sie und presste mit einem Finger auf den Eingang ihrer Vagina. Erneut reagierte sie mit einem leichten Zittern. Ich rieb sie dort unten und verstärkte den Druck auf den Finger, der nun versuchte, durch den Stoff ihrer Hose die verborgene Perle zu ertasten.

„Du machst wirklich keinen Hehl aus dem, was du willst", stellte sie fest.
„Warum sollte ich das tun, Susi. Du weißt doch, was ich will. Ich habe es dir sehr deutlich gesagt und nun gezeigt. Nun liegt es an dir, ob es weitergeht." Wie das gehen sollte, darüber schwieg ich. Stattdessen ertastete ich sie nun überall an ihrem Körper. Vom Kopf bis zu den Füßen. Meine Hand war überall. Sie

begann schneller zu atmen. Dann hörte ich jedoch auf, was sie erneut irritierte.
„Warum machst du nicht weiter?“, fragte sie.

„Weil du mir signalisieren sollst, dass ich es soll“, entgegnete ich.

„Wie denn?“, fragte sie erneut.

„Zeige mir, dass du mehr willst, zum Beispiel indem du deine Kleider ablegst. Wärest du eine echte Sklavin, so würde ich es dir befehlen und bei Verweigerung dich züchtigen. So aber bin ich heute ausnahmsweise nicht so hart.“ Susi sah mich an. Dann zog sie ihr Oberteil aus und stand nun im BH dar. Sie sah meinen Blick, der auf ihren verborgenen Rundungen lag. Ich trat auf sie zu und ergriff die Körbchen, um sie hochzuziehen. Ihre Brüste brachen hervor.

„75 D schätze ich“, sagte ich zu ihr.

„Nicht ganz, es ist nur 75 C, aber nicht schlecht“, sprach sie. Sie legte den BH ab. Nun konnte ich mich mit ihnen beschäftigen und das tat ich sehr ausführlich. Ich hob und spreizte sie, ließ ihre Nippel durch die Innenseite meiner Handfläche gleiten und zwirbelte sie mit Daumen und Zeigefinger. Es schien sie sehr zu erregen, denn ihr Atem beschleunigte sich. Nun zog ich an den Nippeln fester, wobei ich in ihre Augen sah. Sie fand Gefallen an der Behandlung und doch war das alles noch ganz normal und hatte mit dem BDSM wenig zu tun. Ich aber wusste, wo gewisse Dinge hier lagen. Rasch holte ich eine Feder herbei. Ich zeigte sie ihr und begann damit, die linke Brust zu punktieren. Rund um den Hof setzte ich lauter kleine Stiche.

„Oh das ist neu, aber es tut gut“, merkte sie an.

„Warts ab, das ist erst der Anfang.“ Ich stach nun auch direkt in die Brustwarze. Dann wendete ich die Feder, um mit der anderen Seite ihre Brust zu streicheln. Ihr Atem wurde noch schneller und ich spürte, wie ihre Erregung zunahm. Nun nahm ich mir die andere Brust in gleicher Weise vor, um nach geraumer Zeit mich tiefer zu bewegen. Die Feder glitt unaufhaltsam tiefer, bis zu ihrem Hosenbund. Ich zögerte einen Moment, doch Susi öffnete den Knopf und Reißverschluss. Die Hose fiel abwärts und sie trat aus ihr heraus. Nun stand sie im weißen Slip vor mir. Ich ließ die Feder darüber gleiten. Wie von selbst öffnete sie ihre Beine und erlaubte mir so, weiter vorzustoßen. Erneut setzte ich nun den Kiel ein und stach durch das dünne Gewebe auf ihre Schamlippen ein. Sie geriet jetzt in Fahrt. Sie zog rasch den Slip aus und warf ihn achtlos zur Seite. Ich hörte auf und führte sie auf die Liege. Hier legte sie sich rücklings hin und spreizte erwartungsvoll die Schenkel. Ich begab mich zwischen sie und besah sie. Zwischen dem kleinen schwarzen Dreieck sah ich den dunklen Streifen, der in ihr Allerheiligstes führte. Ich legte nun die Feder zur Seite und öffnete mit den Fingern ihren Eingang. Er glänzte bereits vor Erregung. Mit zwei Fingern drang ich in sie ein. Sie war sehr feucht. Immer tiefer schob ich mich und begann, die Finger hin und her zu bewegen. Immer schneller wurden die Bewegungen, immer härter der Druck. Nun schob ich einen dritten Finger in sie hinein und spreizte sie. Sie begann zu stöhnen und sich zu winden. Bald würde sie den Höhepunkt erreichen. Als sie kam, warf sie ihre Arme nach hinten und bäumte sich auf. Ich spürte, wie sie verkrampfte. So ließ ich ihr Zeit, es zu genießen.

„Das war nicht schlecht“, stellte sie nach einer Weile fest. „Doch was hat das mit deinen Neigungen zu tun? Ich dachte du wärst jemand, der recht hart zur Sache geht.“

„Das stimmt auch, doch wollte ich es zunächst langsam angehen lassen. Ich kann jedoch auch ganz anders“, machte ich ihr klar.

„Dann tus doch. Tu das, was du als Dom mit mir anstellen würdest“, forderte sie mich auf. Nun gut, dann sollte sie es erleben. Ich stand auf und holte nun Seile, Fäden, Rute und noch einige andere Dinge herbei. Dann wurde meine Stimme anders. Ich ging in den Befehlston.

„Gib mir deine Arme“, forderte ich sie nun auf. Sie tat es. Rasch fesselte ich sie und führte sie in die Mitte des Raumes, wo ich das Seil durch den Haken an der Decke führte, um sie zu strecken. Sie war nun vollkommen wehrlos. Ich stellte mich vor sie, wo ihre Brüste regelrecht darauf zu warten schienen, behandelt zu werden. Ich nahm die Milchpumpe zur Hand und legte sie ihr an. Dann drückte ich auf den Knopf und die Maschine begann zu saugen. Dabei presste und zog ich an der anderen Brust. Erneut begann Susi zu stöhnen. Nach einer Weile schaltete ich die Maschine ab und besah mir die nun hoch aufgerichtete Brustwarze. Ich nahm einen Faden, schlug eine Schlinge und stülpte sie über den Nippel. Nun zog ich zu, bis der Nippel fest in der Schlinge war. Alsdann begann ich, am Faden zu ziehen und hob so die ganze Brust mal in diese, mal in jene Richtung. Susi begann ihre Schenkel gegeneinander zu reiben. Ich spürte ihren Wunsch, dass sie penetriert werden wollte. Daher ergriff ich einen der hölzernen Rundstäbe und rammte ihn in sie hinein. Sie schrie auf, doch nicht aus Schmerz, sondern aus Lust. Alsdann machte ich mich über ihre zweite Brust her, die ich wie zuvor behandelte. Am Ende nahm ich die Fäden und zog mit ihnen ihre Brüste weit auseinander. Die Fäden verknotete ich hinter ihrem Rücken. Dann trat ich zurück. Ich nahm die Gerte zur Hand und setzte erstmals einige Schläge auf ihren Po. Das war ihr neu, doch auch hier fand es ihr Gefallen. Nun schlug ich auch auf ihre Brustwarzen, was sie zu Lustschreinen veranlasste. Nun schlug ich härter überall hin. Die Spitze der Gerte traf Rücken, Po, Brüste und auch zwischen ihre Beine. Susi kam mit erschreckender Macht. Sie wand sich in den Fesseln, stöhnte und zuckte. Dann ließ sie sich in die Fesseln fallen.

„Und ich dachte immer, BDSM sei grausam“, stellte sie verwundert fest. Ich hätte nie gedacht, wie gut das ist und dass ich mal auf Schläge so reagieren würde. Das ist wirklich neu.“ Ich lächelte sie an.
„Habe ich je etwas anderes gesagt“, entgegnete ich.

“Nein, das hast du nicht.“ Dann sah sie mich an. „Du bist doch völlig bekleidet und hast noch nicht einmal den Versuch unternommen, mich zu nehmen. Das wundert mich sehr. Erregt es dich denn gar nicht?“, stellte sie fest. Ich sah sie an. „Natürlich bin ich erregt, nur zeige ich es nicht.

„Das ist eben meine Art“, erklärte ich ihr. Wieder sah mich Susi an.

„Ich möchte dich gerne befriedigen und dir so danken“, sprach Sie. Meine Augen begannen zu glänzen.

„Wenn du es wirklich willst, warum also nicht.“ Ich band sie los. Sie kniete sich vor mich hin und zog mir die Hose aus. Dann fasste sie nach meinem Geschlecht und begann es zu reiben. Rasch wurde es größer und größer. Spontan nahm sie es in ihren Mund, um daran zu saugen, doch wollte ich es nicht so. Ich zog mich zurück, führte sie zur Liege und legte sie auf den Bauch. Dann nahm ich sie von hinten. Erst vaginal und auch anal. Letzteres geschah aus einer Laune heraus und auch Susi schien überrascht. Sie hatte es so wohl noch nie getan. Als ich mich in ihr entleerte, schrie sie mit mir auf. So fielen wir zusammen in den Abgrund. Wir waren nun beide erschöpft. Nach einer Weile zogen wir uns wieder an, gingen zum Parkplatz und ich brachte sie wohlbehalten zurück in die Stadt. Später sahen wir uns noch öfters zum Spiel und Susi verwandelte sich in eine Sklavin, die nun ihre neu entdeckten Neigungen auslebte.

Die widerspenstige Zähmung

Die nachfolgende Geschichte ist wie alle anderen tatsächlich geschehen:

Ich war via Internet mit einem anderen Dom ins Gespräch gekommen. Wir hatten uns bereits eine Weile ausgetauscht, als er mir von einer Frau berichtete, die sich vom Schreiben her nach einer Sklavin anhörte, sich aber bei realen Treffen stets anders verhalten hatte.

„Ich komme einfach nicht mit ihr klar", gestand er. Er hatte sich bereits von ihr abgewendet und mied den Kontakt zu ihr. Sie aber bombardierte ihn regelrecht mit Mails und obwohl er es ihr verboten hatte, hörte sie nicht auf. „Sie ist eine regelrechte Plage und ich will nichts mehr mit ihr zu tun haben", beklagte er sich. Ich bot ihm an, mich der Frau anzunehmen und so nannte er mir ihren Nick. Ich sah mir ihr Profil an, das einen klaren devoten Inhalt hatte. So schrieb ich sie an und befahl ihr, sich zu melden.

Tatsächlich kam es zu einem Kontakt. Sie schrieb, wie er es mir berichtet hatte. Angeblich war sie schon lange eine Sklavin und würde es auch real sein. Ich bot ihr daher ein Treffen an, welches sie annahm. Ich bestand auf meiner Kleiderordnung, was sie jedoch ablehnte. Ich schrieb ihr zurück, dass ich unter diesen Umständen auf ein Treffen verzichten würde, da sie bestimmt keine echte Sklavin sei. Nun brach ich von mir aus den Kontakt ab und widmete mich jenen Frauen, mit denen ich schon länger in Kontakt stand. Oft hatten wir dabei wunderschöne Sitzungen gehabt und trotz mehrfacher Treffen lehnte ich stets eine engere Beziehung ab. Bei einem dieser Gespräche mit einer meiner Gespielinnen kam ich auch auf die angebliche Sklavin zu sprechen. Ich berichtete von ihr.

„Dann ist sie keine echte Sklavin", diagnostizierte meine Bekannte. „Aber vielleicht kann ich dir ja helfen", bot sie mir an. Ich gab ihr den Nick und wenige Tage später hatte ich Post von der Sklavin, die ich hier nun „Sabine", nenne. Sie berichtete mir, dass meine Bekannte mit ihr in Kontakt getreten war und sie über meine Art aufgeklärt hatte.

„Du musst ein sehr guter Dom sein, wenn eine Sklavin so von dir schwärmt“, stellte sie fest. Ich schrieb ihr zurück, dass ich meine Eigenarten hätte und auch sonst auf bestimmte Regeln bestand.
Die Kleiderordnung war dabei eine Grundregel. Ich schrieb ihr auch, dass ich jeden weiteren Kontakt ablehnen würde, wenn sie nicht bereit wäre, diese Regel zu befolgen.

„Melde dich erst wieder, wenn du diese Dinge akzeptierst, denn ich habe kein Interesse, meine Zeit zu verschwenden.“

Es herrschte nun in den nächsten Wochen Ruhe vor ihr. In dieser Zeit hatte ich verschiedene Treffen, die meine Erwartungen erfüllten, oder anders gesagt, ich hatte sie bereits abgeschrieben. Dann aber kam jene Mail, die alles änderte.

„Herr“, schrieb sie, „ich habe mich entschlossen, deine Bedingungen anzunehmen. Bitte schreibe mir, was du verlangst. Ich warte demütig auf deine Antwort. Deine Sklavin Sabine." Ich schrieb ihr auf, was sie zu befolgen hätte. Darunter war auch der Treffpunkt, den ich wählte, der einsame Parkplatz am Wald. Ich schrieb ihr, dass ich an einem bestimmten Tag, zu einer bestimmten Uhrzeit sie dort erwarten würde und verlangte eine verbindliche Bestätigung. Zwei Tage später kam die Antwort. Sie akzeptierte im vollen Umfang.

An besagtem Tage fand ich mich dort ein. Wie immer blieb ich verborgen. Dann, fast auf die Minute pünktlich, fuhr ein Wagen vor. Ich trat an ihn heran und stieg ein.

„Hallo Sabine", begrüßte ich sie. Sie sah mich an.

„Du siehst ganz anders aus, als ich dich mir vorgestellt habe", sprach sie.

„Bist du enttäuscht?", fragte ich nach.

„Ehrlich gesagt ja", gestand sie. Ich antwortete nicht, sondern stieg wortlos aus, um mich auf den Weg zu machen. Für mich war jetzt bereits Schluss. Kaum, dass ich einige Meter gegangen war, bat sie mich, stehen zu bleiben. Ich stoppte und drehte mich um. Sie war aus dem Wagen gestiegen und kam auf mich zu.

„Ich wollte dich nicht beleidigen“, entschuldigte sie sich. Ich antwortete nicht, sondern sah sie nur stumm an. Sie kam näher.
„Was ist?“, fragte sie, „bist du stumm?“ Ich schwieg weiterhin und wandte mich ab, um langsam weiterzugehen. Sie kam nun schnell hinter mir her.

„Was soll das? Erst bestellst du mich hierher und kaum sage ich, dass ich mich dir anders vorgestellt habe, da haust du einfach ab. So etwas macht man mit mir nicht!“

„Wenn du meinst“, sagte ich nur und ging weiter. Sie wurde jetzt richtig ärgerlich.

„So etwas wie du ist mir noch nicht untergekommen. Und du willst ein Dom sein? Dass ich nicht lache!“ Ich ignorierte sie. Sollte sie doch schreien und zetern. Sie stellte sich mir in den Weg.

„Bleib stehen, ich will eine Antwort!“

„Antwort worauf?“, fragte ich „Du bist doch voreingenommen, urteilst nach äußerem Aussehen und kennst keinen Respekt. Du gibst dich als erfahrene Sklavin aus, die du nicht bist. Warum sollte ich mich da noch mit dir befassen? Ich kenne genügend Sklavinnen, die wissen, was sie an mir haben. Sie gehorchen, sie sind demütig und sie respektieren mich, wie ich bin. Sie sehen nicht nach meinem Äußeren, sondern auf meine Art. Das ist der Unterschied und ich werde mich nur einer Sklavin annehmen, die genau diese Eigenschaften hat. Wenn du bereit bist, all diese Eigenschaften anzunehmen. Erst dann würde ich mich mit dir befassen.“

Sie sah mich an. Ihre Selbstsicherheit schwand dahin und sie senkte den Kopf. Schweigend stand sie nun da.

„Verzeih mir bitte, dass ich so reagiert habe, aber ich war enttäuscht. Ich bitte dich, mich als deine Sklavin anzunehmen und mich zu lehren. Ich möchte deiner würdig sein.“ Ich sah auf sie herab. Waren das nur leere Worte, oder würde sie bei der nächsten Gelegenheit erneut aufbegehren und ausbrechen? Ich überlegte und spürte, dass sie hierdurch verunsichert wurde. Machte es überhaupt Sinn, sich mit ihr zu befassen? Andererseits konnte ich sie nach meinen Vorstellungen formen und abrichten.

„Also gut, Sabine. Ich gebe dir eine Möglichkeit, deinen Worten Taten folgen zu lassen. Doch warne ich dich zugleich. Solltest du nur ein einziges Mal gegen meine Wünsche und Befehle verstoßen, ist es vorbei. Zeige mir deine Demut!“ Sie ging hier mitten auf dem Weg in die Knie. Ihr Blick war gesenkt.

„Herr, ich bin deine Dienerin und werde tun, was du verlangst“, sprach sie leise.

„Nenne mir das Sperrwort“, verlangte ich.

„Herr sollte ich je das Wort Suppenhuhn aussprechen, so bin ich eurer nicht würdig. Bitte lehrt mich zu dienen!“ Wieder blickte ich auf sie herab.

„Stehe nun auf und zeige mir, wie ernst du es meinst.“
Sie tat, wie ich es wünschte. Anschließend sah sie mich an.

„Mein Gebieter seht, das alles was ich habe soll dir dienen. Nehmt euch, was immer ihr wünscht, tut mit mir, was euch gefällt, straft mich, wenn ich fehl gehe.“

„Wenn es dir ehrlich ist, so folge mir.“ Ich ging tiefer in den Wald. Dabei suchte ich einen Weg, der tief in eine dichte Tannenschonung führte. Ich kannte dort eine kleine Lichtung, an der ich sie begutachten und testen konnte. Sie folgte mir, ohne zu zögern.

Als wir dort angekommen waren, blieben wir stehen. Wieder wurde es sehr still und nur der Wind in den Baumgipfeln war das einzige Geräusch.

„Sabine, du wünschst, dass ich dich lehre. Du sagst, du wüsstest, was eine Sklavin zu tun hat. Nun erwarte ich, dass du dich vor mir erniedrigst. Beweise mir, dass du meiner würdig bist."

„Wie Herr, was verlangt ihr?"

„Kannst du dir das nicht denken?", fragte ich nach.

„Doch Gebieter, verzeiht, denn ich habe es noch nie getan. Darf ich euch bitten, euch meines Körpers anzunehmen?"

„Es sei dir gestattet", antwortete ich. Stumm öffnete sie ihre Bluse und zog sie aus. Danach folgte der Rock. Beides legte sie zur Seite und stellte sich erneut vor mich hin.

„Seht Herr, ich habe mich an eure Anweisungen gehalten. Nun erbitte ich die Gunst, euch meiner anzunehmen." Erneut ging sie in die Knie und blickte zu Boden. Sabine war nicht gerade besonders schlank. Eigentlich war es nicht der Typ, den ich mochte, da mir schlanke Frauen lieber waren. Doch nun hatte sie sich schon einmal so weit erniedrigt. Ich besah sie mir genauer. Ihre Brüste passten einfach nicht zu ihrer Statur, denn sie waren eher zierlich,

ich schätzte so um 60. Ihr Hintern war recht prall und wirkte eher abstoßend auf mich. Nur war das der erste Eindruck und ich wollte nicht gegen meine eigenen Vorsätze verstoßen. Auch solch eine Frau verdiente den Respekt, sofern man als Dom den gegenüber einer Sklavin besaß.

„Stell dich aufrecht hin und strecke deine Arme in die Höhe", befahl ich. Sie tat wie geheißen. Ich trat näher an sie heran und tastete sie an den verschiedensten Körperstellen ab, ohne dabei zunächst ihre Brüste oder Geschlecht zu beachten. Dann stellte ich mich hinter sie. Meine linke Hand umfasste ihren Leib und legte sich auf die linke Brust, um sie zu prüfen. Ich presste und zog an ihr. Sie waren fest und ihre Nippel reagierten stark. Ich nahm ihn zwischen Daumen und Zeigefinger, um ihn zu drehen und zu ziehen. Immer fester wurde der Zug. Sie begann zu wimmern. Dann ließ ich ihn los und schaute genauer hin. Er war rot geschwollen. Dann war die andere Brust an der Reihe, die ich ebenfalls so prüfte.

„Gebieter, seid ihr zufrieden mit meinen Titten, oder sind sie euch zu klein?“, erkundigte sie sich.

„Ich weiß noch nicht so recht“, antwortete ich, „noch haben sie mir nicht alle Wünsche erfüllt.“

„Was sollen sie den tun, damit sie euch gefallen?“, fragte sie nach.

„Ich wünsche sie zu genießen.“ Sabine nahm ihre Hände herunter und umfasste ihre Brüste.

„Seht Herr, sie wünschen sich, von euch genommen zu werden. Ich biete sie euch demütig an.“ Ich beugte mich hinab und schmeckte sie. Dann nahm ich den Nippel zwischen die Zähne und zog erneut an ihm. Sabine stöhnte auf.

„Verzeiht Herr, dass ich mir gestattete, Lust zu empfinden, doch bereitet mir euer Tun sehr viel Freude". Ich sagte nichts darauf, sondern saugte weiter an ihr, so wie es mir gefiel. Als ich den Nippel aus meinem Mund entließ, war er richtig groß und hart. Ich fuhr mit einer Fingerspitze darüber.

„Sie ist jetzt sehr empfindlich und ich danke euch dafür", merkte sie an. Nun stellte ich mich etwas zurück. Mein Blick ging zwischen ihre geschlossenen Beine. Sabine bemerkte es. „Wünscht ihr, meinen Unterleib zu begutachten, Herr?" Ich nickte nur. Sie legte sich auf den Rücken. Der Boden war mit Tannennadeln übersät und sicherlich nicht bequem. Dennoch tat sie es und spreizte die Beine, damit ich auf das schwarze Vlies dort sehen konnte. Sie nahm eine Hand und zog damit die Schamlippen auseinander. „Herr bitte, hier ist euer Thron. Ich wünsche, dass ihr ihn besteigt und mir damit beweist, dass ich eurer würdig bin." Ich kniete mich zwischen ihre Beine, holte ein Paar Latexhandschuhe aus der Tasche, die ich immer bei mir hatte und zog sie an. Dann fasste ich an ihr Geschlecht und drang mit drei Fingern in sie ein. Sie war total eng und es war schwer, tiefer in sie vorzudringen. Sie stöhnte erneut auf. Nun begann ich, meine Finger unter großem Kraftaufwand zu spreizen. Wieder stöhnte sie auf und begann zu wimmern.

„Herr bitte, ich wurde noch nicht so oft benutzt. Solltet ihr darauf bestehen, mich weiter so zu öffnen, so will ich es ertragen.“ Ich nahm den Druck etwas zurück. Dafür aber stieß ich nun hin und her in ihr. Sabine spreizte ihre Beine noch weiter und fing nun richtig an zu stöhnen. Ich forderte sie immer mehr, wurde schneller und schneller. Sie war jetzt wunderbar feucht und als sie kam, verkrampfte sie mit einem lauten Schrei.

„Herr, mein Gebieter, was macht ihr mit eurer kleinen Dienerin. Es steht mir nicht zu, dass ich solche Gefühle habe. Ich sollte euch eine Freude machen. Ihr aber schenkt sie mir. Ich verstehe nicht?“

„Mit deiner Lust machst du mir eine Freude. Jeder Sklavin verlange ich diesen Gunstbeweis ab“, belehrte ich sie. „Nun aber gehe auf alle viere, damit ich mich weiter an dir vergnügen kann“, forderte ich. Sie tat es und nun untersuchte ich sie überall. Als ich in ihren Po mit der Hand eindrang, wollte sie sich wehren.

„Bitte Gebieter, nicht dort. Ich wurde dort noch nie berührt.“ Ich aber drang trotzdem mit einem Finger in sie ein. Gezielt suchte ich jene

Stelle, von der ich wusste, dass es ihr eine Wonne sein würde. Als ich darüber glitt, schien sie zu explodieren. Sie stöhnte und presste sich gegen mich.

„Gebieter, was ist das? Sagt mir bitte, woher ihr diese Stelle kennt, die selbst mir fremd ist?“ Ich antwortete nicht. Im Gegenteil. Ich schob ihr zwei Finger in ihre feuchte Vagina und massierte gleichzeitig den Kitzler mit dem Daumen. Nun zog ich die Hand zusammen. Sabine reagierte, wie ich es erwartet hatte. Sie stieß nach mir und röchelte laut. Dann brach sie zusammen und schnappte nur noch nach Luft. Langsam zog ich mich aus ihr zurück.

Sie drehte sich auf den Rücken und sah mich an. Verwunderung stand in ihren Augen. Ich aber sagte nichts, sondern ließ sie zu Kräften kommen.

„Gebieter, ihr seid wahrhaftig ein Meister eurer Zunft. So etwas habe ich noch nicht erlebt und dafür danke ich euch. Solltet ihr noch irgendwelche Wünsche an mich haben, so werde ich sie euch erfüllen, egal was es auch sei.“

„Dein Antrag und Lob ehrt mich, Sklavin. Sei dir versichert, ich werde dich noch weiter prüfen und lehren. Du wirst mir nun folgen an einen Ort, wo ich noch mehr Möglichkeiten habe, dich zu prüfen und zu lehren.“ Sie wollte sich anziehen, doch nahm ich ihr die Sachen fort.

„Du sollst mir folgen, so wie du bist.“

„Ihr wollt, dass ich nackt gehe?“, fragte sie nach.

„Ja, Sabine. Nur Schuhe seien dir erlaubt.“

„Wenn mein Gebieter es so wünscht, so werde ich folgen.“ Wir verließen die Lichtung und gingen über verschlungene Wege. Mein Ziel war die Hütte. Doch auch unterwegs befahl ich ihr, wann immer es mir in den Sinn kam, sich hinzustellen. Mal fasste ich ihr dann zwischen die Beine oder an ihre Titten, um mich an ihnen zu vergnügen. Nie wehrte sie sich dagegen, oder beschwerte sich. Dann kamen wir an der Hütte an und traten ein. Ich befahl sie in die Mitte des Raumes.

„Sklavin, es wird Zeit, dich zu binden, damit du lernst, auch gezüchtigt zu werden“, sprach ich zu ihr. Ich holte zwei Seile aus der Ecke und fesselte ihre Hände. Dann zog ich sie hoch. So völlig ausgeliefert stand sie nun da. Sie blickte mich erwartungsvoll an. Ich hingegen setzte mich auf einen Stuhl und beachtete sie nun nicht mehr. Ich tat so, als ob ich sie vergessen hatte, was sie sichtlich nervös werden ließ. So verging einige Zeit. Dann durchbrach sie die Stille.

„Gebieter, erlaubt mir die Frage, wie lange ich hier noch hängen soll. Ist das eine Art Bestrafung, oder warum tut ihr es?“ Ich wendete mich ihr zu und ging um sie herum.

„Sklavin, ich will, dass du begreifst, was es heißt zu dienen. Darum habe ich dich gefesselt. Ich könnte nun alles Mögliche mit dir tun, so wie du es gesagt hast, aber mir ist wichtig, dass du begreifst, dass auch das Hängen ein Dienst ist.“

„Verzeiht, Gebieter, das wusste ich nicht.“ Ich ging in die Ecke und holte einige Dinge hervor. Unter anderem die von mir geliebten Zahnstocher. Nun stellte ich mich vor sie und sah ihr in die Augen. Nun begann ich, sie an den Brüsten zu punktieren, was sie erstaunte. Immer wieder stach ich zu und bei jedem Stich begann sie, sich zu winden. Erst zum Schluss stach ich direkt in ihre Brustwarzen. Die ich nun tiefer als zuvor in sie brachte. Ich ließ die Zahnstocher los und diese blieben an Ort und Stelle. Wieder staunte Sabine. Nun kam die Feder an die Reihe. Ich streichelte sie damit überall und sie genoss es. Ihre Beine spreizten sich weit und sie begann zu flehen.

„Herr, bitte, ich halte das nicht mehr aus. Besteigt euren Thron. Deine Sklavin bittet sich darum."

„Geduld, meine Süße. Ich werde dich noch benutzen, doch wann das ist, musst du mir überlassen." Als direkte Folge reizte ich sie erneut und nun kam sie mit Macht. Dann band ich sie los und legte sie auf die Liege. Rasch entkleidete ich mich und nahm sie. Meine Stöße trieben sie an und sie presste mich mit ihren Beinen in sich hinein, wobei sie schon bald erneut den Höhepunkt erreichte. Dann entleerte ich mich in ihr und zog mich zurück. Sie schien schon arg mitgenommen und erschöpft zu sein, was mich nicht daran hinderte, das Spiel weiter zu betreiben. Ich befahl sie auf alle viere und mir ihren Po schön entgegenzustrecken. Dann griff ich zur Gerte und traktierte sie damit. Wie immer zielte ich dabei auf ihren Po oder ihre Vagina. Auch ihre Brustwarzen verschonte ich nicht. Sie verfiel in ihren Taumel der Lust.

„Gebieter, bitte nicht aufhören, züchtigt mich härter.“ Ich legte die Gerte beiseite und verwendete nun einen Lederriemen. Dieser klatschte regelrecht, wenn er traf. Sie genoss es und gierte nach jedem Schlag. Auch mir bereitete es Vergnügen, sie zu strafen. Dann aber nahm ich sie mir erneut. Dieses Mal drang ich hinten in sie ein, obwohl es sehr schwer war, da sie so noch nie genommen wurde. Ich hörte nicht eher auf, bis ich mich entlud. Nun zog ich mich zurück und legte sie achtlos auf die Liege. Sie wimmerte leise vor sich hin.

„Herr, ihr habt euch genommen, was euch gehört. Ich bin so dankbar für die Lehre, die ihr mir erteilt habt. Nun habt ihr schon all meine Eingänge benutzt und ich frage mich, ob ihr inzwischen ein Urteil über meine Verwendungsmöglichkeit gefällt habt. Verzeiht meine Neugier."

„Du bist sehr wohl geeignet, eine gute Sklavin zu sein“, befand ich. „Doch noch hast du mir allein gedient. Irgendwann aber werde ich dich auffordern, auch anderen Personen deinen Leib anzubieten, insbesondere einer meiner anderen Sklavinnen, die sich mir zuliebe an dir vergehen werden. Bist du willens, auch das zu tun?“

„Sicher, Herr, ich werde tun, was immer du verlangst.“

„Wir werden sehen“, sprach ich. „Für heute soll es reichen. Du darfst dich ankleiden.“ Sie tat, wie ich es befahl. Dann verließen wir die Hütte und ich brachte sie zu ihrem Wagen. Dort auf dem Parkplatz ging sie von sich aus auf die Knie.

“Gebieter ich danke euch für die Gnade, dass ihr mich gezähmt habt und wünsche mir schon jetzt ein Wiedersehen. Wann immer ihr wollt, stehe ich euch zur freien Verfügung. Macht mit mir, was immer ihr wollt. Befehlt und ich werde gehorchen.“ Mit diesem Versprechen ihrerseits verabschiedete sie sich. Von nun an kam es zu regelmäßigen Treffen, an denen auch andere Sklavinnen teilnahmen. Sie lernte sehr rasch und oft war sie nicht nur passiv, sondern auch aktiv beteiligt. Außerdem sorgte sie dafür, dass auch andere Frauen sich von mir ausbilden und benutzen ließen. Der Kreis meiner Sklavinnen wuchs.

Ach ja, ich hatte nochmals Kontakt mit dem Dom, der mir ihren Nick gegeben hatte. Ich berichtete ihm, dass Sabine eine echte Sklavin geworden sei und mir in jederlei Hinsicht dienlich war. Er war überrascht, dass es mir gelungen war, sie so weit zu bringen. Später trafen wir uns auch mal, wo er sich von ihren Qualitäten überzeugen konnte.

Blind Date zu dritt

Eigentlich hatte ich mich mit Beate wie so oft über den Chat verabredet. Mein Ruf eilte schon damals voraus, und immer öfter bekam ich Anfragen nach realen Treffen. So auch von Beate. Dieses Mal hatte ich ein Hotelzimmer gebucht, denn es war recht kalt zu jener Jahreszeit. Ich sollte sie am Bahnhof abholen, und wie immer war ich pünktlich zur Stelle.

Kaum dass der Zug hielt, sah ich mir die Fahrgäste an, sie war leicht in der Menge auszumachen, denn trotz der kalten Witterung hatte sie ein Kleid angezogen, so wie ich es mir gewünscht hatte. Was mich überraschte, war, dass sie zusammen mit einer weiteren Frau erschien.

„Hallo John, es freut mich, dass es geklappt hat", begrüßte sie mich. Wie sehr sie sich freute, zeigte sie mir sehr deutlich, denn sie küsste mich ganz spontan. Dann zeigte sie auf die Frau neben sich. „Das ist Erika", stellte sie mir die Frau vor. Ich sah sie an. Von der Statur her war sie Beate sehr ähnlich, wenn auch etwas stämmiger. „Erika ist meine beste Freundin und obwohl sie nicht viel mit BDSM zu tun hat, wollte sie mich unbedingt begleiten. Ich hoffe, du hast nichts dagegen?“ Nein, das hatte ich nicht, denn ich war bereits entschlossen, auch Erika die Welt des BDSM zu zeigen.

„Komm, lass uns gehen“, forderte Beate mich auf, hakte sich ein und zu dritt verließen wir den Bahnhof. Bis zum Hotel war es ja nicht weit und so gingen wir zu Fuß. Hier angekommen meldete ich uns an, nahmen den Schlüssel und begaben uns auf das Zimmer. Dieses verschloss ich sehr sorgfältig und wendete mich nun Beate zu. Erika hingegen setzte sich auf das Bett und schien nur passiv zusehen zu wollen, was nun geschah.

Wie abgesprochen stellte sich Beate vor mich hin und sah mir in die Augen. Sie wusste genau, was auf sie zukommen würde, denn darüber hatten wir zuvor lange im Chat geschrieben. Ich fragte sie wie immer und jedes Mal antwortete sie mit Ja. Nun verlangte ich das

Codewort, das sie mir ebenfalls gab. Es waren also alle Voraussetzungen für eine Session gegeben. Beate ging wie gewollt vor mir in die Knie und sah mich erwartungsvoll an.

„Zieh deinen Slip aus“, forderte ich sie auf. Ohne zu zögern, kam sie meinem Wunsch nach und überreichte ihn mir. Ich legte ihn achtlos zur Seite.

„Möchtest du mich nackt sehen“, fragte sie nun. Normalerweise hätte ich sofort zugestimmt, doch wollte ich die Spannung erhöhen und lehnte daher ab. Stattdessen wünschte ich, dass sie vor dem Bett kniete, die Arme leicht abgestützt. Beate war sehr folgsam und tat wie gewünscht. Ich stellte mich hinter sie und fuhr ihr mit der Hand vom Kopf über den Rücken abwärts bis hinunter zum Saum des Kleides. Diesen umfasste ich und zog ihn hoch, so dass nun ihr Hinterteil sich mir darbot. Es war schön und fest. Meine Hand fuhr darüber und in die Lücke dazwischen. Beate machte sich locker und ließ zu, dass ich von hinten nach ihrer Vagina tastete. Kaum begann ich dort mit den Fingern in sie zu dringen, entfuhr ihr ein erster lustvoller Schrei. Ja, ich spürte, sie war heiß und erregt. Dennoch wollte ich sie nicht gleich zum Orgasmus bringen, sondern lediglich feststellen, ob sie bereit war für die Dinge, die folgen würden. So zog ich die Hand zurück und presste stattdessen ihre Pobacken auseinander, um mir ihren Analbereich anzusehen. Er war wirklich einladend. Beate wusste ja, dass ich es tun würde und ließ es gerne zu. Ja, sie presste sich mit ihren Beinen hoch, um mir ihr Hinterteil noch offener anzubieten. Ich war begeistert.

„Du wirst mir wahrlich viel Freude schenken, Sklavin“, lobte ich sie.

„Herr, das wünsche ich mir sehr. Ich möchte dir dienen, wie immer du es möchtest“, erwiderte sie.

„Nun, dem sei so und daher öffne nun vorn dein Kleid, auf dass ich mich mit deinen Brüsten vergnügen kann“, verlangte ich. Ohne zu zögern, kam sie meinem Wunsch nach. Erneut befahl ich ihr, sich auf das Bett zu stützen. Nun hingen ihre Brüste frei schwebend dort.

Ich betrachtete sie in Ruhe, ohne sie zu berühren. Stattdessen zog ich ihr erneut den Rock hoch und befestigte ihn mit einer Klammer. Ihr Po und ihre Brüste sahen nun sehr einladend aus. Anstatt mich jedoch nun über das Angebotene herzumachen, zog ich mich zurück. Ich sah sie nur stumm an, was Beate zu irritieren schien. Doch wusste ich genau, was ich tat.

Währenddessen hatte ihre Freundin Erika nur stumm zugesehen. Sie schien fassungslos zu sein, bei dem, was Beate tat. Auch jetzt wo sie sich ganz offen mir anbot. In ihren Augen spiegelte sich die Ablehnung unseres Tuns. So blieben wir einige Zeit nur stumm. Beate ahnte, was ich vorhatte, denn sie blieb in dieser Haltung, demütig wie es sich für eine Sklavin gehörte. Längst hatte sie begriffen, dass ich als ihr Herr fordern konnte, was immer mir in den Sinn kam. Dass sie nun blieb, war für sie ein Ausdruck der Unterwerfung. Irgendwann jedoch war es an der Zeit, das Spiel in die nächste Runde zu führen. Wieder trat ich an Beate heran.

„Erhebe dich, Sklavin“, forderte ich nun. Sie

stand auf und stellte sich hin. Ich sah sie an. Ihre Brüste waren schön offen und leicht erregt. „Rühre dich nicht, bei dem, was ich nun tue“, ordnete ich an, während meine Hände die Konturen des Dargebotenen umfuhren. Dann aber überkam mich die Lust daran, sie zu fordern. Ich war gespannt, wann Beate sich meinem Wunsch widersetzte. Ich presste und zerrte an ihren Brüsten, zog sie so hoch, dass die Nippel bis nahe an ihrem Munde waren. „Leck sie!“, forderte ich nun. Beate tat wie befohlen, wobei ich ihren Kopf hinunterpresste. Beate verstand. Sie saugte nun an sich selbst. Ja, so hatte ich es gerne. Ich sah zu ihrer anderen Brust.

„Nun mach es dir selber“, sprach ich zu ihr. Auch hier war sie folgsam. Wie weit würde sie aber wirklich gehen, wenn ich mehr forderte. Es war an der Zeit, es herauszufinden. Wieder sah ich sie an.

„Entkleide dich und masturbiere vor mir“, wünschte ich ganz direkt. Zugleich kam mir ein verrückter, aber reizvoller Gedanke, daher fügte ich hinzu: „Sklavin, danach wünsche ich, dass du deine Freundin Erika verführst!" Beate sah mich fragend an und Erika schien entsetzt. „Tue es!", befahl ich nun mit etwas mehr Schärfe in der Stimme. Ich wartete darauf, dass Beate das Sperrwort nannte, doch sollte ich eine Überraschung erleben.

Beate begann, sich in sehr verführerischer Weise zu entkleiden. Dann begann sie, sich, wie ich gewollt hatte, zu streicheln und zu liebkosen. Sie kam auf mich zu und zeigte mir all ihre Schönheit und verborgenen Wünsche. Sie erregte sich zusehends und genoss es, mir ihre Lust zu zeigen. Sie tat es genau, wie ich es mir wünschte und es war nicht gespielt, wie ich deutlich sehen konnte. Ihre Finger umspielten ihre Klitoris und wurden immer schneller. Zugleich entrangen ihr lustvolle Schreie. Ja, sie spürte, wie sehr ich den Anblick genoss und sie mir so größte Freunde schenkte. Dann kam der Moment, wo sie den Höhepunkt erreichte und zusammenbrach, um sich von der Welle der Lust forttreiben zu lassen. Ihr Atem ging stockend, so als hätte sie einen langen Lauf hinter sich. Ich schaute sie dennoch nur an und war gespannt, ob sie auch den andern Teil der gestellten Aufgabe erfüllen würde. Sie ahnte es wohl, denn ihr Blick wurde fragend.

Ich gebe zu, als Dom mag ich es, wenn sich zwei Sklavinnen meinen Aufgaben stellten. In der Vergangenheit hatte ich es öfters von ihnen verlangt, denn was gibt es Schöneres zu erleben wie der Anblick zweier gehorsamer Frauen, die sich aneinander vergnügten. Bei eingeschworenen BDSMlern ist das relativ normal, dass sich die Sklavinnen dem Wunsch des Herren fügen. Erika jedoch hatte mit BDSM noch nie zu tun gehabt. Für sie war es völliges Neuland und bisher hatte ich den Eindruck, sie würde nur bleiben, weil Beate ihre beste Freundin war. Nun aber würde sie ins Spiel einbezogen werden, womit sie sicherlich nicht gerechnet hatte. Mit dieser Überlegung machte ich es mir bequem, um zu sehen, ob es Beate gelingen würde, sie zu verführen.
Diese hatte sich inzwischen gefangen und trat nun an Erika heran. Ich bemerkte, wie diese fast entsetzt ihre Freundin ansah.

„Komm, lass dich genießen, wie es mein Herr

es wünscht“, sprach Beate zu ihr, wobei ihre Stimme zärtlich und zugleich fordernd war. Sie trat ganz nah an sie heran und versuchte, sie zu streicheln, was Erika überhaupt nicht mochte.

„Ich werde es nicht mitmachen“, sprach sie barsch und wollte sich zurückziehen. Doch kannte sie sie ihre Freundin da wohl schlecht.

„Du wolltest doch erleben, was ich so tue und nun plötzlich stellst du dich an, nur weil du es nicht kennst? Ich will dir doch nur etwas Aufregendes schenken.“ Erika zögerte plötzlich, was Beate sofort registrierte. Erneut ging sie auf sie zu und begann nun mit sehr eindeutigen Berührungen. Ihre Hände streichelten über Erikas Kleidung, um die darunterliegende Haut zu ertasten. Gerade im Brustbereich jedoch wurde sie sehr fordernd. Ihre Hände gruben sich regelrecht unter die Kleidung, um ihre Rundungen zu berühren. Nun wurde sie regelrecht fordernd.

„Lass dich lieben und genieße deine Lust“, sprach sie noch einmal, während ihre Berührungen mehr als nur eindeutig wurden. Sie begann nun damit, Erikas Bluse zu öffnen und das in sehr eindeutiger Weise. „Zeig mir, was du hast“, sprach sie nun in sehr dominanter Weise. Sie zerrte ihr die Bluse vom Leib und sah gierig auf ihren BH.

Erika war entsetzt über das sehr dominante Verhalten ihrer Freundin und dennoch schien es, als habe sie echtes Interesse. War es Neugier oder war es doch der geheime Wunsch nach dem Unbekannten, ich weiß es nicht. Jedenfalls tat sie den nächsten Schritt und öffnete den Verschluss ihres BHs, um ihn abzulegen. Darauf schien Beate gewartet zu haben, denn unverzüglich machte sie sich daran, die Brüste ihrer Freundin zu berühren. Dabei führte sie ihre Freundin unmerklich in meine Richtung, sodass ich jedes Detail mitbekommen konnte. Nun begann sie damit, ihre Brüste fest zu umfassen und zu präsentieren. Ich gebe zu, die Brüste waren schon eine Verführung und daher war ich gespannt, was Beate mit ihnen anstellen würde. Sie kannte ja meine Vorlieben. Als sie sich daher unter Erika beugte, um sie zu saugen, war ich sehr angetan und gab meine Passivität auf. Gemeinsam nahmen wir uns nun ihrer Anhängsel an und forderte sie: „Gib uns, was wir verlangen“, sprach Beate und so sollte es kommen. Auch Beate schien inzwischen Gefallen daran gefunden zu haben, denn wenn sie am Anfang ablehnend war, so begann sie lustvoll zu stöhnen. Es schien, als würde sie gerade Grenzen überschreiten und als Erika sich zwischen ihre Schenkel begab, um ihr Geschlecht zu fordern, bot sie ihr es willig an. So erfuhr sie, das BDSM eine sehr lustvolle Angelegenheit war und ihr Dinge und Gefühle bescherten, die sie bisher wohl nie für möglich gehalten hatte. Sie schien regelrecht zu explodieren, als Erika begann, sie weit zu öffnen.

„Herr, möchtest du sie nicht auch benutzen?“, fragte mich Erika. Ja, das konnte mich schon reizen. Daher begab ich mich hinunter, um ihr beim Spiel zuzusehen. Erika wusste genau, was sie wollte und drang zunächst mit nur drei Fingern in sie ein, was ihr aber bald nicht mehr reichte. Sie presste nunmehr ihre Hand zu einer Art Keil zusammen und drang ganz in sie ein. Beates Stöhnen wurde lauter und ihr Unterleib presste sich gegen die Hand, bis diese fast ganz in ihr war.

„Nehmt mich bitte“, flehte sie plötzlich. Diese Aufforderung überraschte mich zunächst, doch sollte sie bekommen, was sie wollte. Da ich ein Freund des Anal-Verkehrs bin, forderte ich Erika auf, sie so zu platzieren, dass ich ihren Po gut einsehen konnte. So drang ich zunächst mit den Fingern in ihren Anus ein, während Erika weiterhin sich um ihre Muschi kümmerte. Doppelt gefistet war Beate wohl noch nie, denn ihre Schreie wurden noch lustvoller und ihr Körper schien im Crescendo der Gefühle nicht mehr ein und aus zu wissen. Lustvoll kam sie daher nach sehr kurzer Zeit. Sie schrie sie regelrecht heraus und ich hatte Sorge, dass man es im ganzen Haus hören würde. Dann brach sie zusammen und rang nur noch nach Atem.

„Nie hätte ich gedacht, dass ich so empfinden kann“, gestand sie röchelnd. Erika lächelte sie an.

„Verstehst du nun, warum ich gerne eine

Sklavin bin und ich John als meinem Herren jeden Wunsch erfülle?“, sprach sie zu ihr. Beate nickte nur. Sie hatte verstanden. Ich ließ den beiden etwas Zeit, um zu sich zu kommen. Dann aber verlangte ich das Finale. Ich entkleidete mich vor ihnen und befahl sie auf die Knie, was sie gerne taten.

„Blast ihn ihr Sklavinnen“, befahl ich barsch. Erika zögerte keine Sekunde und tat wie befohlen. Dann sah ich zu Beate: „Komm her, damit ich dein Euter benutzen kann“, wünschte ich. Beate gehorchte und bot mir ihre Prachtstücke an. Jedes Mal wenn nun Erika meine Rute tief in sich saugte, presste ich Beates Titten fest, sie schien es zu mögen.

„Darf ich ihn auch mal haben“, fragte sie plötzlich. Ich gestattete es ihr. Rasch ging sie in die Knie, um Erika abzulösen und auch wenn ich wusste, dass ich nicht mehr allzu lange mich zurückhalten konnte, so sollte sie dennoch ihr Vergnügen haben. Im Gegensatz zu ihrer Freundin hatte Beate wohl nur selten Oral-Verkehr gehabt, denn sie war zunächst etwas unsicher. Daher nahm ich meine Hände

und presste sie fest an mich, während Erika sich ein neues Ziel suchte, um ihre Lust auszuleben. Sie legte sich unter Beate und leckte sie gründlich, während Beate tat, was ich mochte. Dabei streichelte sie sich jedoch noch selbst. So verging geraume Zeit und ich konnte nicht mehr zurückhalten. Ich gab alles frei und ergoss mich in Beates Mund, während diese fast zur gleichen Zeit ihren Orgasmus erlebte. Nur Erika erlebte ihn noch nicht und so sahen wir beide nun zu, wie sie so lange sich weiter streichelte, bis auch sie kam.
Wieder ließen wir uns Zeit, um zu Atem zu kommen. Völlig überraschend für uns war, dass Beate plötzlich dran ging, sich an Erika zu vergnügen. Sie forderte sie auf, sich hinzustellen, damit sie ihre Muschi genießen konnte. Ich sah ihr zu und griff ins Spiel ein. Erika wurde nun geleckt, während ich mich ihrer Brüste ausgiebig widmete. Es dauerte nicht allzu lange, bis sie erneut kam.

Danach setzten wir das Spiel noch eine Weile fort, wobei sich die verschiedensten Stellungen ergaben. Erst Stunden später endete es. Wir waren alle restlos erschöpft und gesättigt. Gemeinsam begaben wir uns unter die Dusche, wo wir uns gegenseitig von den Spuren der Session reinigten. Als wir unsere Kleider anlegten, sprach Beate aus, was sie bewegte. Sie hätte nie gedacht, wie schon so eine Session so aufregend sein konnte und war froh, dabei gewesen zu sein. Gemeinsam verließen wir das Hotel und ich brachte die beiden zum Bahnhof. Hier sahen mich die beiden nochmals an und küssten mich voller Leidenschaft. Auch baten sie um eine Fortsetzung, was ich gerne bestätigte.

Von nun an sahen wir uns über lange Zeit regelmäßig und genossen unsere Stunden. Ich zeigte ihnen meine geheimen Orte und auch Dinge, um sie noch mehr und immer neu zu fordern. Aus der zögerlichen Beate war eine Sklavin geworden, wie sie sich ein Dom nur wünschen konnte. Irgendwann aber erreichte mich die Nachricht, dass sie jemand anderen aus ihrer Nähe gefunden hatte, den sie sich als ihren Herrn nahm. Auch die Freundschaft zu Erika endete auf ähnliche Weise. So war ich wieder frei und doch war ich stolz darauf, ihr Lehrmeister gewesen zu sein.

Unsichtbar – Die Macht der Stimme

Dass BDSM viele Seiten hat, ist ja bereits deutlich geworden, doch wie prickelnd es sein kann, wenn man sein Gegenüber nicht sieht, zeigt das folgende Erlebnis:

Wie so oft begann alles irgendwo auf einer der vielen Seiten in der virtuellen Welt des Internets. Als Dom habe ich ja meinen Ruf, doch dieses Mal wollte ich kein reales Treffen, sondern vielmehr feststellen, ob es stimmt, was meine Sklavinnen von mir behaupteten.

„Du hast eine Stimme, der man sich nicht entziehen kann“, lobten sie mich oft.

An diesem Tage fand ich Kontakt zu einer devoten Frau mittleren Alters. Zunächst lief alles wie gehabt. Man schrieb sich, bekundete gegenseitiges Interesse, und sprach über die eigenen Wünsche, Neigungen und Erwartungen. So machte ich ihr klar, dass ich zunächst kein reales Treffen anstrebte, sondern unsichtbar in der virtuellen Welt verbleiben wollte. Damit war sie zunächst einverstanden. So schrieben wir eben nur eine Weile.

Tage vergingen und in dieser Zeit trafen wir uns immer wieder eben nur zum virtuellen Austausch. Dann aber kam jener Tag, an dem sich alles ändern sollte. Sie bat eindringlich um ein Treffen, was ich zunächst verweigerte. Ich wollte kein Treffen, doch sie ließ nicht locker.

„Du wirst mich hören, jedoch nicht sehen. Allein meine Stimme zählt und du wirst dich ihr beugen, egal, was ich verlange. Nur unter dieser Bedingung willige ich ein“, schrieb ich ihr. Sie willigte ein. Ich stellte weitere Bedingungen und auch diese wurden angenommen. Dann nannte ich den Termin und den Ort unseres Treffens.
Ich hatte schon immer eine Vorliebe für außergewöhnliche Orte und so bestellte ich sie auf einen Parkplatz in der Nähe meines Wohnortes. Sie versprach, pünktlich zu sein.

Drei Tage später war es so weit:

Wie üblich wartete ich versteckt auf dem Parkplatz und pünktlich fuhr ein kleines rotes Auto vor. Eine Frau entstieg ihm. Ihr Äußeres war sehr angenehm, wenn auch nicht so schlank wie viele andere meiner Subs. Dafür hatte sie langes schwarzes Haar und gemäß meinen Vorgaben war sie entsprechend gekleidet.

„Schön, dass du gekommen bist“, sprach ich aus meinem Versteck heraus.

„Wo bist du?“, fragte sie.

„Ganz in der Nähe und ich kann dich sehen, aber wie du weißt, werde ich dich jetzt nur mit meiner Stimme fordern, der du gehorchen sollst“, antwortete ich.

Sie sah sich wohl um in meine Richtung, doch verbarg ich mich weiterhin. Sie wurde zögerlich.

„Komm, zeig dich mir“, fordertet sie mich auf,

doch abermals verweigerte ich ihr diesen Wunsch. Stattdessen sprach ich:
„Öffne deine Bluse, damit ich sehen kann, ob du meinem Wunsch gefolgt bist.“ Tatsächlich tat sie, wie ich es wünschte. Sie trug, wie ich es ihr aufgetragen hatte, keinen BH.

„Drehe dich in meine Richtung damit ich deine Titten sehen kann!“, forderte ich als Nächstes, wobei ich darauf achtete, dass eine gewisse Schärfe in meiner Stimme war. Auch dieser Anordnung folgte sie gehorsam. Was ich zu sehen bekam, gefiel mir recht gut. Ihre Brüste waren groß und mit dunklen Brusthöfen aus denen zwei Kronen herausstachen. Ich sah sie nur von meiner Warte aus an und sprach nicht weiter. Es wurde nun vollkommen still, was sie wohl verunsicherte.

„Herr, seid ihr noch da?“, sprach sie ängstlich, doch ich antwortete nicht. Sie wiederholte ihre Frage, doch abermals schwieg ich. Nun wurde sie doch sehr unsicher und wollte sich bereits ankleiden, als ich zu ihr sprach:

„Sklavin, habe ich es dir erlaubt?“ Meine

Stimme war sehr scharf gewesen, denn sie zuckte regelrecht zusammen und unterbrach ihr Tun.

„Nein Herr, das habt ihr nicht, doch bitte ich euch, sagt was ihr verlangt, sonst steige ich in meinen Wagen und fahre. Ich finde diese Art nicht besonders schön von euch.“

„Ich habe dir vor unserem Treffen gesagt. dass du mich nicht sehen wirst, also gibt es keinen Grund, dass du enttäuscht bist.“

„Das stimmt Herr, aber ich wünsche es mir sehr, euch zu sehen.“

„Noch nicht. Vielleicht später“, stellte ich ihr in Aussicht. „Nun aber geht den Weg dort in den Wald. Ich werde dich unsichtbar begleiten und dir den Weg weisen“, sprach ich. Sie wollte gerade ihre Bluse wieder anlegen, was ich ihr untersagte.“

„Aber Herr, was mache ich, wenn mich dort jemand so nackt sieht?“, fragte sie.

„Das Risiko musst du schon eingehen, aber sei dir gewiss, ich bin in deiner Nähe.“ So ging sie nun den Weg, wie ich es wünschte. Ich lenkte ihre Füße und so ging sie immer weiter. Nach gut 500 Metern bat ich sie, anzuhalten.

„Siehst du den großen Felsen dort vor dir?“, fragte ich.

„Ja Herr, ich sehe ihn“, antwortete sie.

„Nun entkleide dich vollkommen und bück dich über ihn.“ Wieder kam sie meinem Wunsch nach und tat wie ihr befohlen.

„Wage dich nicht, umzusehen“, merkte ich an. Sie nickte stumm. Erst jetzt verließ ich meine Deckung und trat auf sie zu. Ihr Hintern sah wirklich einladend aus.

„Nimm deine Hände und ziehe deine Pobacken auseinander, damit ich alles sehen und begutachten kann“, sprach ich im scharfen Tone. Auch diesem Wunsch kam sie nach und so konnte ich sowohl ihren Anus als auch ihr rasiertes Geschlecht sehen. Ich betrachtete es nur, ohne sie zu berühren.

Aus einer Laune heraus zog ich eine Augenbinde aus meiner Tasche und legte sie ihr an. Sie war überrascht, ließ es aber geschehen. Dann nahm ich ihre Hand und führte sie weiter bis hin zu jenem Ort, an dem ich schon mit so mancher Sklavin gespielt hatte. Ich legte sie rücklings auf den Tisch, um sie so zu betrachten. Wie von selbst öffnete sie ihre Schenkel und bot sich mir offen dar. Anscheinend gefiel es ihr, sich mir zu zeigen, denn sie wusste, dass ich bei ihr war.

„Streichel dich“, forderte ich nun streng. Tatsächlich nahm sie eine Hand und begann. Hin und wieder erteilte ich Befehle, denen sie nachkam. So steigerte ich allein durch die Macht meiner Stimme ihre Lust, so wie ich es oft am Telefon getan hatte. Ihr gefiel diese Art wohl sehr, doch irgendwann fragte sie:

„Herr, wollt ihr euch nicht an mir vergnügen. Seht, mein ganzer Körper erwartet euch. Ich werde dir dienen, wie immer ihr es verlangt.“

„Heute noch nicht“, teilte ich ihr meine Entscheidung mit. „Wenn du nach dieser Session immer noch meine Sklavin sein möchtest, dann gerne. Heute aber solltest du lernen, einem Herrn zu dienen, von dem du nur die Stimme kennst.“

„Das habe ich begriffen und auch wenn es sehr ungewöhnlich für mich ist, so hatte es doch seinen Reiz“, stellte sie fest.

Ich bat sie, sich anzuziehen, was sie auch unwillig tat, denn sie hatte sich wohl mehr erhofft. Ich führte sie aus dem Wald zu ihrem Auto. Als sie einstieg, bat sie um ein weiteres Treffen, was mir durchaus gefiel. Sie war froh darüber und bat darum, mir einen Kuss zu geben, was ich erlaubte.

„Nimm die Augenbinde erst ab, wenn ich es sage. Behalte sie als Erinnerung an diese Session“, forderte ich noch. So entfernte ich mich und gab ihr irgendwann Bescheid. Ohne sich groß umzusehen, fuhr sie nun davon, während ich meiner Wege ging.

Tags darauf trafen wir uns erneut im Netz. Wir schrieben noch mal über die Session und sie wiederholte ihren Wunsch nach einer Fortsetzung.

Von nun an trafen wir uns öfters und so konnte sie mich auch sehen. Es wurden wunderbare Sessionen und die Stunden vergingen nur zu schnell. Bei einem dieser Treffen hatte sie zu meiner Überraschung die Augenbinde mitgebracht. Sie legte sie an.

„Herr“, sprach sie sehr zärtlich, „erweist mir die Gunst, nochmals ganz allein deiner Stimme zu folgen.“ Ich verstand und so taten wir es. Es wurde wohl unsere schönste Session, denn ich hatte begriffen, wie stark die Macht der Stimme sein kann.

Mishu (Auszug aus meinem Buch „21 Tage“)

„… Erinnerst du dich an die Tischdame, welche uns gestern Abend die Gunst erwies, an unserem Tisch zu weilen?“ Sicher erinnerte ich mich an Mishu, doch was hatte die jetzt damit zu tun? To Jangs Blick wurde schuldbewusst.

„Ich habe ihr gesagt, dass wir sie heute treffen könnten, um …“ Sie zögerte und ich spürte, dass sie etwas getan hatte, das sie mit mir hätte besprechen müssen. „Um was Liebste?“

To Jang wurde regelrecht kleinlaut. „Nun ja, um ihr gewisse Dinge zu zeigen, die beim mizuage von Bedeutung sind. Ich hoffe, du verzeihst mir, Geliebter.“

Ich sah sie an. Hatte ich recht verstanden? Sie wollte, dass sie oder ich, der Geiko körperlich jene Gefühle näher brachten, die ihr eine angenehme Erinnerung an ihr erstes Mal schenken sollten? Ich fragte nach und To Jang nickte mir zu. Eigentlich hätte ich jetzt böse und verärgert sein müssen, doch konnte ich beides nicht. Da war nun meine Meisterin, Herrin, Geliebte und Okija. Eine Frau, die ich um viele Stufen über mir sah, doch schien es mir, als würde sie sich am liebsten ganz klein machen. Ich konnte mir ein breites Lächeln nicht verkneifen. To Jang schien aufzuatmen.

„Liebste, was soll ich nur mit dir machen?“, sprach ich in tadelndem Tone.

„Ich weiß es ehrlich nicht“, entgegnete sie schuldbewusst. Ich erinnerte mich an mein Versprechen, welches ich ihr gab.

„Wenn du es wünschst, dass es zu solch einem Treffen kommt, so werde ich mich beugen. Ich wünsche mir jedoch, dass du zugegen bist. Außerdem werde ich mich nicht bereit erklären, das mizuage mit Mishu zu erleben. Bei diesem Treffen wird es außer Berührungen nichts geben. Das sind meine Bedingungen.“ To Jang willigte ein und schien erleichtert.

„Ich habe gehofft, dass du annimmst und daher weiß ich, wo ihr Maika-Haus ist. Dorthin sollten wir nun gehen, um sie abzuholen. Anschließend gehen wir zu dritt an einen Ort, der uns jene Ruhe bietet, um ungestört zu sein. Er ist nicht zu weit von hier, jedoch außerhalb des Yoshiwara.“

Ich willigte ein und so standen wir bereits kurze Zeit später vor einem mir unbekannten Maika-Haus. To Jang bat darum, Mishu zu sprechen, die kurz darauf erschien.

„Du siehst, liebe Freundin, ich habe Wort gehalten. Wenn du Zeit hast und für eine Weile das Haus verlassen kannst, so würde ich dir raten, mit uns zu kommen.“ Mishu schien etwas überrascht, doch willigte sie ein.

„Ich muss nur rasch meiner Okija Bescheid geben“, sagte sie und verschwand wieder. Es dauerte nur kurze Zeit, als sie erneut erschien. Sie hatte einen gewöhnlichen Straßenkimono angelegt. Fast hätte ich sie nicht wiedererkannt, denn sie war wesentlich schlichter gekleidet als gestern Abend.

To Jang übernahm die Führung. Auf dem Weg an unser unbekanntes Ziel berichtete To Jang von unserem Besuch beim Rat der Okija. Nun bemerkte auch Mishu die Spange. Sie blieb mitten auf dem Weg stehen und verbeugte sich.

„Verehrter Jukoawe, es ist mir eine besondere Ehre, dich in unserem Kreise willkommen zu heißen. Zugleich weiß ich um eure Gunst, mir jene Dinge zu zeigen, von denen To Jang mir berichtete. Ich vertraue auf deinen Ruf und die Fähigkeiten, die deinem Stande nachgesagt werden.“ Ich bedankte mich für ihre Worte.

To Jang mischte sich wieder ein. Wir verließen das Yoshiwara und gingen in eine bewaldete Hügellandschaft. Hier musste man sich schon sehr gut auskennen, um jenen Ort zu erreichen, den To Jang als unser Ziel sah. Es war eine kleine Hütte, total einsam gelegen. Mich erinnerte sie an einen Gartenpavillon in meiner Heimat. To Jang öffnete die unverschlossene Türe und schob uns zwei hinein. Danach verschloss sie die Türe sorgfältig. Hier im Innern war viel Platz. Außer einem großen, niedrigen

Tisch gab es kein Möbelstück. Ich bezweifelte, dass ich hier das tun konnte, was Mishu und To Jang von mir erwarteten. To Jang bat Mishu zu sich. Sie sah sie an und ich ahnte, was kommen würde. Doch hier irrte ich mich und lernte eine weitere Facette von To Jang kennen, die Herrin.

„Mishu, bevor wir uns mit dir befassen und dich in die Geheimnisse der Zwischenmenschlichkeit einweihen, möchte ich von dir wissen, ob du es wirklich möchtest?“ Damit hatte Mishu wohl nicht gerechnet, denn To Jangs Stimme war fordernd. Auch mich überraschte es ein wenig. Mishu zögerte. To Jang ging zur Türe und öffnete sie.

„Wenn du noch überlegen musst, ist es besser, wir gehen zurück!“ Da stand nun Mishu. Hin und her gerissen von der gestellten Entscheidung. Ging sie, würde sie nie erfahren, was sie suchte. Blieb sie, müsste sie sich To Jang unterwerfen.

„Nun, lass uns gehen“, sprach To Jang und wollte bereits aus der Hütte treten, als Mishu darum bat zu bleiben.

„Ich will es wirklich“, stieß sie aus. To Jang schloss die Türe erneut. Wieder trat sie auf Mishu zu.

„Mishu, ich muss wissen, ob du bereit bist, anzunehmen, was wir dir geben werden?“

„Ja, das möchte ich.“ To Jang sah ihr fest in die Augen.

„Da du dich nun entschlossen hast zu erfahren, verlange ich einen letzten Beweis. Gehe auf die Knie und sieh erst mich und danach den Tayu an. Bitte uns um die Gunst, es mit dir zu tun!“ Ohne zu zögern, gehorchte Mishu und ging auf die Knie. Sie sah To Jang in die Augen und bat darum zu erfahren. Dann wendete sie sich mir zu und wiederholte den Satz. To Jang blickte mich nun an.
„Jukoawe, der du nun ein vollwertiger Tayu bist. Hier hast du die Gelegenheit, deine Fähigkeiten zu erproben. Ich werde dir mit meinem Rat zur Seite stehen und euch beide führen. Tue mit ihr, was du gelernt hast.“

Jetzt ging mir ein Licht auf. To Jang hatte ganz bewusst Mishu ausgewählt, denn bis auf einige wenige Dinge sollte ich mit ihr all das tun, was den Tayus nachgesagt wird. Sie schien zu ahnen, dass Mishu alles erleben möchte und sich zur Dienerin erniedrigen würde, so wie es mancher Danna von seiner Geisha erwartete. Eine raffinierte und zugegebenermaßen reizvolle Idee. Sie nahm die Hand von Mishu und führte sie zum Tisch. Hier befahl sie ihr, sich rücklings hinzulegen.

„Siehe Jukoawe, hier ist dein Objekt. Tue was immer dir in den Sinn kommt." Ich näherte mich dem Tisch, wobei mir eine gewisse Ängstlichkeit von Mishu nicht entging. Ich suchte ihre Augen und fixierte sie. Langsam wurde die Frau ruhiger.

„Hab keine Angst, Mishu, es wird nur geschehen, was du magst", sprach ich mit veränderter Stimme. Mishu nickte nur stumm. Nun kniete ich mich an der linken Seite neben sie, schloss meine Augen und ließ meine Finger auf ihrem Gesicht sanfteste Berührungen ausführen. Es erinnerte mich an jenes mizuage, das man mir gewährt hatte. To Jang musste wohl die ganze Zeit beobachtend daneben gestanden haben. Doch nun ergriff sie meine Hand, um sie zu führen, bis sie sich sicher war, dass ich verstanden hatte. Nun kniete auch sie sich nieder und gemeinsam ertasteten wir Mishu. Diese genoss sichtlich, doch ahnte ich, dass To Jang mehr verlangen würde.

Gezielt verlagerten sich ihre Hände abwärts und strichen ihr über den Kimono. Ich öffnete meine Augen wieder und bemerkte, dass sie genau das tat, was ich schon kannte. Sie reizte Mishu, ohne sie direkt auf der Haut zu berühren. Wäre sie eine gestrenge Herrin gewesen, hätte sie nicht gezögert ihr den Kimono zu öffnen, doch würde sie es nie tun. Sie wollte, dass dieses eindeutige Einverständnis von Mishu kam. So berührten wir sie weiter. Meine Hände blieben an ihrem Kopf, während To Jang weiter unten ihre ganze Erfahrung ausspielte. Mishu wurde unruhig, ihr Atem beschleunigte sich. Sie sah mich verwundert an, doch sprach sie kein Wort. Unsere Hände taten das ihre, um sie weiter emporzuschleudern. In ihren Augen konnte ich sehen, was sie fühlte.

Dann war es vorbei mit ihrer Zurückhaltung.

Ihr Körper schoss hoch und ihre Hände öffneten den Obi auf ihrem Rücken. Der Kimono faltete sich auseinander und sie ließ ihn zu Boden gleiten. Nun stand sie im weißen Baumwollhemdchen dar. Auch das legte sie ab. Nun, gänzlich unbekleidet, stand sie da. To Jang stand auf und streichelte sie nun am Rücken, während ich mich ihrer Vorderseite widmete. Sie war eine sehr schlanke Frau, wohl geformt an allen Punkten ihres Körpers. Ich sah ihr in die Augen, während meine Hände sie erkundeten. Sie genoss es sichtlich und da wir ihr nun zu zweit jene Punkte zeigten, die sie zu höchster Erregung führten, dauerte es nicht allzu lange, bis sie jenen Punkt erreichte, auf den To Jang hingearbeitet hatte.
Urplötzlich umschlossen ihre Arme Mischu und führten sie durch gezieltes Streicheln an ihren hocherotischen Zonen zum Höhepunkt. Just in dem Moment, da sie die Schwelle überschritt, fasste sie fest zu. Mishu begann zu schreien und wand sich in To Jangs Armen. Es schien, als wolle sie sich daraus befreien, doch das Gegenteil war der Fall. Sie ließ sich fallen

und To Jang fing sie auf. Ihre Augen waren wie irre und ihr Mund hatte sich weit geöffnet. Dann wurde sie allmählich ruhiger. Geschwächt von der Anstrengung setzte sie sich auf den Tisch. To Jang und ich setzten uns neben sie.

„Das, liebe Mishu, ist das Geheimnis“, klärte sie To Jang auf. „Ich wünsche dir bei deinem mizuage genau dieses Gefühl.“ Mishu sah die Okija dankbar an.

„Nun werde ich mich selbst zur Dienerin machen“, sprach To Jang zu meiner Überraschung. „Liebster, gewähre mir die Ehre, dich hier und jetzt zu lieben, so wie in der vergangenen Nacht.“ Ich verstand nicht ganz. Sollte ich hier in der Gegenwart von Mishu mit ihr schlafen? To Jang bestätigte meinen Gedanken. Ohne weitere Worte griff sie hinter sich, löste den Obi und legte ihre Kleidung ab. Vollkommen nackt kam sie auf mich zu und kniete vor mir.

„Ich möchte dir gehören, hier und jetzt deine Dienerin sein und so deine Ernennung feiern“, sagte sie. Ich musste mich erst von dieser Überraschung erholen, doch war die Einladung zu schön, als dass ich sie ablehnen konnte. So tat ich, wie sie es wünschte. Hier in dieser einsamen Hütte erlebte ich Stunden höchsten Genusses. Mishu hatte sich am Anfang abgewendet, doch schien ihre Neugier bereits nach kurzer Zeit gesiegt zu haben. So verfolgte sie unser Tun mit Interesse. In diesen Stunden wurde ich endgültig zum Tayu, denn ich ahnte und spürte, was To Jang mochte. Es war, als würde sie ihre Wünsche mental an mich senden und ich tat alles, um sie ihr zu erfüllen. So vergingen die Stunden und ohne dass wir es bemerkten, wurde es dunkel. Zum Glück hatten wir in dieser Nacht einen klaren Himmel und zudem auch noch Vollmond. Sein silbernes Licht fiel durch das kleine Fenster der Hütte und erleuchtete sie. Als unser Spiel endete, musste es recht spät gewesen sein. Wir kleideten uns an und verließen diesen Ort, um zum Yoshiwara zurückzukehren.

Auf dem Wege dorthin ließen wir das Erlebte nochmals durch unseren Sinn gehen. Mir selbst hatte To Jang ein weiteres Mal gezeigt, über wie viele Arten sie verfügte, geliebt zu werden. Für Mishu war es ein einmaliges Erlebnis, denn sie hatte erfahren, was es heißt, wirkliche Leidenschaft genießen zu dürfen. Und To Jang, was empfand sie?

Ich fragte sie direkt, da sie schwieg. Statt zu antworten, blieb sie stehen. Sie sah mich an und ich wusste, dass tief in ihrem Herzen ein Orkan tobte. Ihre Augen waren so zärtlich, dass sie selbst hier im faden Mondlicht glänzten. Wie konnte eine Frau nach so kurzer Zeit so tiefe Gefühle haben? War sie nicht über viele Jahre ohne sie ausgekommen? Ich spürte, was sie dachte und konnte ihr kaum Trost geben.
„Lass uns im Jetzt leben, Liebste, und denke nicht an morgen“, sprach ich zu ihr. Sie nickte und erneut näherten sich unsere Lippen, um sich zu vereinen. Schon brandeten die Wellen der Leidenschaft erneut auf und am liebsten hätte ich diesem Gefühl hier mitten auf dem Weg nachgegeben. Ich musste es mir verkneifen, denn für Mishu war es Zeit, heimzukehren. So brachen wir ab und gingen zurück. Wir brachten die Geisha bis zu ihrem Haus. Hier verabschiedeten wir uns voneinander. Just in

dem Moment, da wir gehen wollten, kam Mishu noch einmal hinter uns her.

„Danke für das, was ihr beiden mir heute geschenkt habt. Ich werde euch nie vergessen", sprach sie und küsste sowohl To Jang als auch mich auf den Mund. Dann wandte sie sich ab und verschwand im Haus. Wir zwei aber gingen auch in unsere Bleibe, wo ich erneut den Rest der Nacht in den Armen meiner Geliebten verbrachte. Rückblickend auf den Tag stellte ich fest, dass wieder vieles geschehen war, mit dem ich nicht gerechnet hatte. Mit diesen Erinnerungen schlief ich ein.

Jenny (Auszug aus meinem Buch „Natalie – Die Träne der Nacht“)

„… Ach hat er dir auch das Angebot gemacht?“, fragte sie nach und konnte sich kaum beruhigen.

„Mensch, Mädchen, bist du so naiv oder kennst du ihn nicht genug?“ Jenny war überrascht. Ihre Freundin fuhr fort: „Da trifft sich die alte Garde, um zu feiern wie in den alten Zeiten. Krimsekt, Kaviar, Wodka und Frauen. Das gibt es da. Die tun dort immer noch so wie damals in der Zeit des Zaren und das ist verdammt lange her. Sicher werden sie dir so manchen Rubelschein anbieten, um dich zu gewinnen. Tue es, wenn dir der Preis gefällt. Wenn nicht, lass die Finger von der Sache!“ Jenny dankte für die Antwort. Während des Restes ihrer Arbeitszeit dachte sie nach über die Worte ihrer Kollegin. Dann schrillte die Sirene. Es war Feierabend.

Während die anderen heimgingen, wanderte Jenny fast unbewusst durch die Straßen der großen Stadt. Daheim würden sowieso nur Mahnbriefe und Gläubiger auf sie warten. Da war es doch besser, gleich hier draußen zu bleiben. Sie nahm die Karte in die Hand und sah auf die Adresse. Was hab ich denn noch zu verlieren? Gar nichts, denn wer nichts mehr hat, kann nur noch gewinnen. Also warum nicht, wenn es sich lohnt! So war Jenny in die Außenbezirke der Stadt gefahren. Die Adresse lag in einem der Vororte und das Haus unter der angegebenen Adresse erwies sich als schmucke Villa aus besseren Tagen. An der Schelle zögerte sie nochmals kurz, um dann entschlossen den Knopf zu drücken. Bereits kurze Zeit später hörte sie Schritte und ein Herr mittleren Alters erschien an der Türe.

„Sie wünschen“, fragte er höflich? Sie zeigte ihm die Karte.

„Ich soll mich bei einem gewissen André melden.“ Der Mann sah sie an.

„Kommen sie rein“, sprach er höflich und gab

den Weg frei. Der Gang, den sie nun betrat, wirkte düster. Überall an den Wänden waren Zeugen vergangener Tage. Die Decke war in Stuck gefasst und mit Fresken versehen, die vom Prunk und ausschweifenden Gelagen zeugten. Liebespaare in eindeutigen Stellungen, Frauen die einander bedienten und andere Bilder sexueller Phantasien ließen keinen Zweifel daran, worum es sich bei diesem Haus handelte. Es war ein Haus der Freude! Spätestens jetzt erkannte Jenny, warum man ihr die Karte zugesteckt hatte. Sie war jung und hübsch, ein wahrer Augenschmaus für die Männer, welche hierher kamen, um sich zu vergnügen.

Ein weiterer Mann kam auf sie zu und unterbrach ihre Betrachtungen. „Es sind schöne Bilder, nicht wahr?“

„Schön für wen?“, stellte sie die Gegenfrage.

„Schön für alle. Schön für die Männer, schön für die Frauen. Aber genug der langen Vorrede. Willst du hier arbeiten und Geld verdienen?“

„Geld verdienen schon, aber es muss sich für mich lohnen“, erwiderte sie.

„Das wird es. Verlass dich drauf. Hast du schon einmal in einem solchen Haus gearbeitet?“ Jenny schüttelte den Kopf.

„Nun, du wirst recht bald merken, dass unsere Kundschaft dich lieben wird. Du bist jung, hübsch und den Rest werden wir sehen. Zieh dich bitte aus!“

Seine Aufforderung kam für Jenny überraschend. Wie konnte er es wagen, das von ihr zu fordern?

„Na, wird es bald, ich hab nicht ewig Zeit“, drängte er sie. Noch immer zögerte sie. Er legte eine Hand auf ihre Schulter und drehte sie in Richtung Ausgang. „Los geh wieder. Für langes Zögern ist hier kein Platz. Also hau ab.“

Seine Stimme war sehr streng geworden. Jenny wusste genau, dass wenn sie jetzt ging, ihr Untergang besiegelt war. Der Mann würde bestimmt ihren Chef informieren, der dann dafür sorgte, dass sie ihren Job endgültig verlor. Spätestens dann würde ihr keine andere Wahl bleiben, als ihren Körper zu verkaufen, an jeden, der ihn haben wollte. Sie kannte die Ecken der Stadt, wo die Mädchen reihenweise ihr Fleisch feilboten. Früher hätte sie nicht einen Gedanken darüber verschwendet, dass ihr dieses Schicksal je blühen würde. Jetzt aber sah die Situation vollkommen anders aus.

„In Ordnung, ich tue es“, sprach sie, „aber nicht hinsehen.“

Der Mann lachte. „Meinst du, ich mache hier auf blind. Die Männer wollen deinen Körper sehen und berühren, so wie es ihnen passt. Wenn du also meinst, ich sehe weg, dann gehe jetzt rasch und für immer!“ Jenny zögerte noch eine Sekunde, aber es blieb ihr keine Wahl. Sie legte ihren Mantel ab und begann, sich zu entkleiden, was er aufmerksam beobachtete. Je mehr ihrer Haut zum Vorschein kam, desto interessierter schien er zu schauen. Als sie außer ihrem BH und dem Höschen nichts mehr anhatte, zögerte sie abermals.

„Los, runter damit, oder meinst du, ich will nicht das Wichtigste von dir sehen?“ Sie griff hinter sich und löste den Verschluss. Anschließend zog sie ihr Höschen herunter. So stand sie nackt mitten auf dem Flur. Sie hatte ihre Beine zusammengekniffen und ihre Hände bedeckend über ihre Brüste gelegt. Der Mann umrundete sie.

„Mach dich locker“, forderte er sie auf und kurz darauf: „Nimm die Hände weg!“ Nur zögernd kam sie seiner Aufforderung nach. Es schien ihr, als wäre sie ein Stück Fleisch, das hier verkauft werden sollte. Verkauft von ihr selbst. Wie ein Blitz durchfuhr sie der Gedanke, dass es ja auch so war. Sie verkaufte sich, um zu überleben.

Er stellte sich wieder vor sie und sah unverhohlen Blickes auf ihre nur leicht geöffneten Schenkel. Dann trat er näher auf sie zu und tat etwas, was noch niemand gewagt hatte. Seine Hand zwängte sich an ihr Geschlecht und sie fühlte, wie ein Finger in sie eindrang.

„Du bist noch eng, aber trocken. Du magst es

nicht, wenn ich dich berühre. Sei dir gewiss, sie werden dich dort berühren und nicht nur dort. Sie werden in all deine Öffnungen eindringen. Sie werden deinen Mund mit ihren Säften auffüllen und dich auf jegliche erdenkliche Art für ihre Zwecke benutzen. Sie werden dir Dinge an den Kopf werfen und dich erniedrigen, bis du erkennst, dass du in Wahrheit nicht mehr bist als ein Stück Dreck. Sie werden Dinge von dir verlangen, die du selbst in deinen kühnsten Träumen nicht erlebst." Er machte eine bedeutungsvolle Pause.

„Und sie werden dich auf Rubelscheinen betten. Sie werden dich mit Sekt begießen, dich auf Kaviar servieren. Sie werden dich reich belohnen, wenn du ihnen gibst, wonach sie verlangen. Das alles garantiere ich dir, wenn du dich entschließt, hier zu bleiben. Also ja oder nein?" Jenny entschloss sich zu bleiben.

„Gut, dann komm mit." Als Jenny sich wieder anziehen wollte, schüttelte er den Kopf. „Du sollst mitkommen und dich nicht anziehen." Er nahm sie bei der Hand und führte sie, so wie sie war, zu einer Türe.

Als er sie öffnete, erblickten ihr Augen einen weiten, geschmückten Raum, der bis unter die Decke mit Nippes und anderen Herrlichkeiten gefüllt war. Es schien ihr, als werfe sie einen Blick ins Paradies, so schön sah alles aus. Der Raum war rund und von einer Kuppel gekrönt. Genau im Zentrum dieser sah sie einen leise plätschernden Springbrunnen. Die Wände waren hell mit Goldfacetten umrahmt, der Boden aus edlem Holzparkett, spiegelblank poliert.

„Das ist unser Empfangsraum“, wurde sie aufgeklärt. „Hier werden sie dich das erste Mal sehen und dich bei Gefallen in die hinteren Räume, welche übrigens nicht viel kleiner sind, führen. Dort werden sie es mit dir und vielen anderen Frauen, die in diesem Hause sind, tun. Wenn du ihnen gibst, was sie verlangen, wird es nicht dein Schaden sein. Wehe aber, falls du dich wehrst. Sie würden dich quälen und demütigen bis dein Wille gebrochen ist und es dir egal ist, was sie mit dir machen, aber du wirst es tun. Das ist mein Versprechen an dich. Du siehst, ich rede nicht lange um den heißen Brei. Ich frage dich – willst du es immer noch? Doch halt, überlege genau, denn falls du jetzt und hier abermals zusagst, gibt es kein Zurück. Sagst du jedoch nein, so lass ich dich gehen und niemand wird dich aufhalten. Also wie lautet deine Antwort?“

Als Jenny mit Ja antwortete, war ihr Schicksal besiegelt. „Von jetzt an wirst du keinen Namen mehr haben. Er ist ausgelöscht, so lange du hier verweilst. Solltest du später einmal auf die Idee kommen, jemand Außenstehenden von diesem Hause zu berichten, so wirst du feststellen, dass es nichts bringt, denn zu verschlungen und verbunden ist diese Gemeinschaft. Niemand würde dir glauben.“

Er trat zur Seite und nahm von einer Säule ein blau schimmerndes, samtenes Etui. Er öffnete es und nahm etwas heraus.

„Als Zeichen deiner Zugehörigkeit zu diesem Hause trage diesen Ring an deiner linken Hand.“ Er steckte ihn ihr auf. Als Jenny ihn sich ansah, bemerkte sie, dass er aus insgesamt drei Ringen bestand. Die beiden äußeren waren aus poliertem Gelbgold, der innere aus einem silbern schimmernden Material. Darauf konnte sie zwei Schlangen erkennen, deren Köpfe zueinander strebten. Die Arbeit war wundervoll, denn selbst die Schuppen der Tiere waren sehr sauber dargestellt und selbst mit bloßem Auge erkennbar. André stellte sich nun hinter sie und legte ihr eine Kette um den Hals, die genauso aussah wie das Mittelteil des Rings, mit einem kleinen Unterschied. Während die Köpfe des Ringes unmittelbar zusammenstießen, war bei der Kette eine weitere Öse zwischen den Köpfen eingearbeitet. Geschlossen wurde die Kette über die Schwänze der Schlangen.

„Dies sind die Insignien unseres Hauses. Du hast sie stets zu tragen, wenn du hier bist", klärte er sie auf. „Komm nun mit, damit ich dich einkleiden kann, denn in diesem Hause tragen alle Frauen dieselbe Kleidung."

Er nahm sie bei der Hand und führte sie in eine Ecke des Raumes, wo ein großer, schwerer Schrank mit verzierten Türen stand. Er öffnete ihn und nahm etwas heraus.

„Zieh dies über“, sprach er. Jenny nahm das Kleidungsstück entgegen. Es fühlte sich sehr weich an. Der Stoff schien aus reiner weißer Seide zu sein. Nachdem sie herausgefunden hatte, wie man es anzog, stülpte sie es sich über den Kopf. Es war ein sehr angenehmes Gefühl, als das Gewand über ihren Körper fiel. Obwohl es schlicht war, fand sie am Vorderteil abermals jene Schlangen wieder. Er übergab ihr ein weiteres Kleidungsstück, dieses Mal war es ein Gürtel, ebenfalls aus Seide. Er war jedoch im Gegensatz zum Gewand aus rosafarbener Seide. Auch hier war mit Silberfäden das Symbol der Schlangen eingewebt worden. Die Enden des Bandes bildeten wieder die Schlangenköpfe mit zwei Ösen, die man ineinanderstecken konnte.

„Je nach deinem Status wirst du einen Gürtel mit einer anderen Farbe tragen“, erklärte er ihr. „Dies ist der erste. Er signalisiert, dass du noch deine Premiere vor dir hast. Je nach Rang werden die Farben dunkler. Wenn du es bis zum blutroten Band schaffst, gehörst du zur Elite unserer Gemeinschaft. Schaue dir nun dein Gewand genauer an, denn es hat einige

Besonderheiten." Jenny sah genauer hin, konnte aber nichts Auffälliges feststellen. André trat auf sie zu. Er zog am Emblem der beiden Schlangen und plötzlich fiel das Oberteil nach unten, um so ihre Brüste zu entblößen.

„Siehst du, die Schlangen haben einen unsichtbaren Zahn, der hier in die Stoffschlaufe eingehakt wird. So kann sich der Betreffende deine Pracht ansehen, ohne dir mühsam das Kleid komplett auszuziehen." André zog sich zwei weiße Samthandschuhe über und berührte ihre Spitzen.

„Lass niemals zu, dass dich ein Mann mit der bloßen Hand berührt. Das ist in unserem Hause untersagt. Weigere dich, falls er es versuchen sollte. Dies gilt ausschließlich für die Männer. Die Frauen hingegen dürfen es nur ohne Handschuhe tun. Ihnen ist es untersagt, sie zu tragen." Er zog sich zurück und hakte das Oberteil wieder zu.

„Kommen wir nun zu einem weiteren Ritual, an das du dich zu halten hast." Er nahm sie wieder bei der Hand und führte sie wieder in die Mitte des Raumes zurück. Dort stand ein Tisch mittlerer Höhe und eine Kniebank davor.

„Knie dich darauf und lehne deinen Oberkörper über den Tisch“, forderte er sie auf. Sie tat, wie er es wünschte. Als sie so vorgebeugt dalag, stellte er sich hinter sie und hob den Saum des Kleides in die Höhe und fixierte ihn an einer weiteren verborgenen Öse ihres Rückenteils. Dann trat er zurück und betrachtete ihr entblößtes Hinterteil. Unbewusst hatte Jenny ihre Schenkel zusammengekniffen. André führte seine Hand zwischen ihre Schenkel und öffnete sie leicht.

„Wage es niemals wieder, dich so hinzuknien. Deine Schenkel müssen immer leicht geöffnet sein.“

Er legte eine Hand auf ihren Rücken, um ihn leicht nach unten zu drücken. Ihr Hinterteil wurde dabei einladend nach außen gepresst.
„So ist es richtig“, stellte er fest, als er seine Hand zurücknahm, während sie in dieser Stellung verharrte.

„Er muss einladend wirken.“ Er ging nach vorn und nahm ihre Hände, um sie so weit wie möglich auszustrecken.

„Stets sind deine Hände gestreckt zu halten, so wie jetzt“, belehrte er sie. „So werde ich dich präsentieren“, offenbarte er ihr.

„Willig und demütig wirst du in dieser Stellung so verharren, wie ich dich jetzt vorbereitet habe. Du wirst jedoch nicht allein sein, denn mehrere andere Frauen, die ebenfalls noch nicht ihr Debüt hatten, werden in diesem Raum in gleicher Weise wie du zugegen sein. Wirst du erwählt, so wird man dich bei der Hand nehmen und dich bitten zu folgen. Erfolgt es jedoch nicht, so wirst du so lange hier liegen, bis der Abend vorüber ist und die Gilde das Haus verlassen hat. Sollte es in den folgenden drei Abenden ebenfalls keine Erwählung geben, so musst du uns nach den Regeln unseres Hauses verlassen.“ Er nahm ihre Hand.

„Folge mir“, forderte er sie auf. Jenny erhob sich. Langsam begann sie zu verstehen, dass in diesem Hause vollkommen andere Regeln herrschten als in anderen Häusern, obwohl sie bisher noch nie in diesen verkehrt hatte.

Er führte sie aus dem Kuppelraum durch einen schmalen Gang weiter in das Gebäude. Überall an den Wänden und Decken waren weitere wundervoll lebhaft gestaltete Bilder über das ausschweifende Leben in diesem Hause dargestellt. Ihr Weg endete an einer schweren Holztür, die sich mit knarrendem Geräusch öffnete.

„Dies ist der Raum der Reinigung“, präsentierte André ihn. Sie betraten den Raum. Im Gegensatz zu den anderen Zimmern, wo Stuck und Bilder vorherrschten, war dieser Raum mit Mosaiken an den Wänden versehen. Der Boden selbst bestand aus weißem Alkantara-Marmor der edelsten Güte, welcher durch seine weiße Farbe einen starken Kontrast zu den dunkel gehaltenen Mosaiken ringsherum bildete. André zündete mehrere Kerzen an, die sich auf hohen goldenen Leuchtern befanden. Dieser Raum bestand im Wesentlichen aus einer Art Pool, welcher in der Mitte des Raumes war.

„Entkleide dich, damit ich dich reinigen kann“, wünschte er mit sanfter Stimme. Jenny legte ihre Sachen ab. Es schien ihr jetzt schon selbstverständlich, dass sie ihren Körper entblößte, obwohl sie sich noch vor Kurzem geziert hatte.

„Gehe jetzt in das Becken hinein.“ Sie tat, wie er es wollte. Das Wasser war angenehm warm und duftete nach verschiedenen Essenzen, die einen exotischen Geruch nach Moschus und Weihrauch abgaben. André trat hinzu. Er hatte ein Tuch mitgebracht, das er ins Wasser tauchte, um damit zunächst ihren Rücken zu waschen. Dabei ging er sehr behutsam vor, so dass sich bei Jenny ein Gefühl der Entspannung und Ruhe einstellte. André gelangte an ihr wohlgeformtes Hinterteil, welches er jetzt mit Wasser streichelte. Während dieser ganzen Zeit, da er sie wusch, sprach er nicht ein Wort, auch nicht, als er begann, ihren Unterleib intensiv zu waschen. Dann ging er um sie herum, um ihre Vorderseite in gleicher Weise zu behandeln. Anscheinend gefühllos wusch er ihren Hals, ihre Brüste, ihren Bauch und das verdeckende Vlies zwischen ihren Beinen. Als er sie gereinigt hatte, nahm er sie wortlos bei der Hand und führte sie in einen kleinen Nebenraum, wo sich eine breite Liege befand, die mit einem weißen Tuch bedeckt war. Instinktiv wusste Jenny, dass sie sich darauf legen sollte. Dann begann er, sie abzureiben. Zunächst ihren Rücken und danach ihre Vorderseite. Als er fertig war, dachte Jenny, sie könne aufstehen, was er ihr allein durch einen Blick verbot. Mit den Händen spreizte er ihre Beine so weit, dass er deutlich ihr Geschlecht sehen konnte. Dann nahm er ein blitzendes Messer, um die noch feuchten Schamhaare sorgfältig zu entfernen.

„Das muss sein", erklärte er, als er den Blick von Jenny sah. „In diesem Haus hat keine Frau diese Haare. Ich werde dich zukünftig jeden Tag dort unten rasieren, damit nicht ein Haar das wichtigste Attribut deines Körpers bedeckt."

Als er fertig war, prüfte er sein Werk sorgfältig, indem er mit der Hand darüber strich. Als er dabei die leicht geöffneten Schamlippen öffnete, presste Jenny ihren Unterleib leicht dagegen.

„Das ist dir untersagt“, sprach er barsch. „Nur ich, die Gilde und jeder, der es will, darf dich dort berühren. Du selbst aber darfst keine Regung zeigen, zumindest solange, bis wir es erlauben.“ Er fuhr fort, sie dort zu berühren und es gelang ihr nur unter größter Anstrengung ihre Gefühle im Zaum zu halten.

Als er genug von ihr hatte, bat er sie, sich wieder anzukleiden. Er führte sie durch weitere Gänge im Gebäude, die ihr verwirrend erschienen. Nach ungefähr fünf Minuten erreichten sie eine weitere Türe.

„Dies ist dein Schlafraum“, erklärte er ihr. Gehe hinein und bleibe dort, bis ich dich rufe.“ Er öffnete die Türe und ließ sie eintreten, während er selbst draußen blieb. Dann ließ er sie allein.

Es dauerte mehrere Stunden, in denen sich Jenny mit ihren neuen Räumlichkeiten vertraut machte. Während im ganzen übrigen Haus sich Prunk und Reichtum spiegelte, war dieser

Raum sehr schlicht und dunkel gehalten. Ein Bett, eine Kommode und ein Schrank bildeten das gesamte Inventar. Sie hatte sich auf das Bett gelegt und ausgeruht. Die Stille rings um sie herum war vollkommen. Die Zeit des Wartens angebrochen. Dann kam André und klopfte an die Türe.

„Es wird Zeit“, sprach er. Jennys Herz schlug vor Aufregung. Was würde nun geschehen und was sie erwarten, fragte sie sich. Sie ging aus dem Raum, wo er sie bei der Hand nahm und in den ihr schon bekannten Kuppelraum führte.
Als sie gemeinsam eintraten, brauchte sie erst einen Moment, um sich sicher zu sein, dass es der gleiche Raum war, denn mittlerweile waren unzählige Kerzen entzündet worden, die den Raum erleuchteten. Auch sah sie hier zum ersten Male die anderen Mädchen. Insbesondere die Debütantinnen lehnten sich über die Tische. Ihre Kleider waren hochgeschlagen und so konnte sie einen kurzen Blick darauf werfen, wie sie selbst in wenigen Sekunden angeboten würde. André führte sie auf ihren Platz, wo sie gehorsam ihre Position einnahm.

Ihr Herz legte noch einen Schlag zu.

Nach einem kurzen Moment hörte sie weitere Personen den Raum betreten. Ihre Schritte hallten durch den Raum. Eine sanfte Musik setzte ein und andere Geräusche durchbrachen die Stille.

Jenny war so tief in ihren Gedanken versunken, dass sie erschrak, als sie eine Hand fühlte, die ihr Hinterteil berührte. Erst war es nur ein sanftes Streicheln, aus dem jedoch ein forderndes Greifen wurde. Ein Finger drang in sie ein. Jenny versteifte, obwohl sie es nicht wollte. Die Hand zog sich zurück und verschwand. Kein Wort war gefallen. Kurze Zeit später fühlte sie erneut etwas an ihrem Po. Es musste sich um die Hand einer Frau handeln, denn sie fühlte die Wärme der Haut, während die andere Hand stoffüberzogen gewesen war. Diese Hand war noch fordernder und ging direkt auf ihr Ziel tief im Innern ihres Körpers los. Sie bemerkte, wie zwei Finger zugleich tief in sie eindrangen, um sich den dunklen Weg dort nach oben zu schieben. Dann spürte sie den Schmerz, als die Person ihre Finger spreizte.

Sie schaffte es gerade noch, den Schrei zu unterdrücken. Die Finger fingen nun an, sich rhythmisch in ihr zu bewegen, so als ob die steife Rute eines Mannes sich ihrer bemächtigen würde. Doch Jenny zeigte keine Regung. Als jedoch der Finger über ihre aufgerichtete Perle glitt, war es mit der Beherrschung vorbei. Ein lustvolles Stöhnen entglitt ihrem Munde. In der gleichen Sekunde war es vorbei. Die Person zog sich zurück.

So blieb Jenny, wo sie war, auch wenn andere Hände sie erforschten. Nicht eine der Personen forderte sie auf, ihr zu folgen. Während der ganzen Zeit verharrte sie in dieser Stellung. Immer wieder hoffte sie. Verschiedentlich hörte sie mal rechts und links von sich das Schlüsselwort „Komm." Nur dieses eine Wort. Anschließend vernahm sie, wie die Erwählte fortgeführt wurde. Ihre klackenden Schritte wurden leiser, wenn sie sich entfernte. Langsam verzweifelte Jenny. Waren ihre Regungen schuld daran? Sie fand keine Antwort.

Den ganzen Abend über wurde sie nicht erwählt. Dann kam André und führte sie wortlos auf ihr Zimmer. Jenny war einerseits froh, dass sie aus der verkrampfenden Haltung erlöst wurde, andererseits ängstlich, dass niemand sie erwählt hatte. So wurde es Nacht und der Tag kam, währenddessen sie auf ihrem Zimmer blieb. Nur wenn sich ihr natürliches Bedürfnis meldete, rief sie nach André, der sie dorthin führte. Als der Abend kam, holte sie dieser abermals ab, um sie zu waschen und zu rasieren. Wieder wurde sie in den Raum geführt und zur Schau gestellt.

Auch dieses Mal wurde ihr Körper von zahlreichen Händen berührt, doch noch hatte sie keinen Interessenten gefunden. Sie dachte schon daran, dass ihr nur noch eine Nacht bleiben würde, als eine weitere Hand sich ihres Körpers bemächtigte. Sie schien nicht genau zu wissen, was sie wollte, denn die Berührungen waren recht plan- und ziellos. Sie streichelte sie nur im Vorübergehen, drang nicht allzu tief in sie ein und machte auch sonst keine ernsthaften Andeutungen des Verlangens. Dann hörte sie das Wort: „Komm."

Sie stand auf und folgte dem Mann. Er brachte

sie in einen hell erleuchteten Raum, wo noch weitere Personen beiderlei Geschlechts anwesend waren. Was Jenny auffiel, war die Tatsache, dass die Herren alle in einheitlicher Uniform dastanden, während die Frauen ausladende Kleider trugen. Es sah aus wie zur Zeit des Zaren. Der Mann führte sie mitten in den Raum, wo er sie hinstellte.

„Ah, eine der Debütantinnen hast du ausgewählt, eine vorzügliche Wahl." Die Anwesenden traten näher an sie heran. Einer der Herren öffnete die Verschlüsse ihres Vorderteils und trat anschließend zurück.

„Sie scheint wohlgebaut zu sein, zumindest macht sie den Eindruck", sprach einer von ihnen. „Doch sie ist noch nicht erregt", stellte ein anderer fest. „Wohl denn, lasset uns beginnen", sprach ein Dritter.

Er trat auf sie zu und umfuhr mit den Händen Jennys Brüste.

„Sie sind noch ganz frisch und fest", stellte er fest. Ein anderer aus der Gruppe hatte sich hinter sie begeben, um ihren Saum in die Höhe zu heben und an der verborgenen Öse zu befestigen.

„Geh in die Knie und beuge dich vornüber“, wurde ihr befohlen. Jenny tat, wie man von ihr verlangte. Dann trat die Gruppe noch näher und bildete einen engen Kreis um sie. Ein jeder begann nun damit, ihr Hinterteil zu berühren oder gar zwischen ihre Beine zu greifen.

„Zieht sie ganz aus, damit wir ihre vollkommene Gestalt sehen können.“ Ein Mann zog ihr das Kleid über den Kopf und warf es achtlos zur Seite. Jenny spürte, wie ihr ein wenig kalt wurde.

„Sie zittert vor Erregung“, merkte jemand an. „Nun, dann wollen wir uns an ihr stillen, auf dass ihr Verlangen erfüllt wird.“ Ein erster Mann stellte sich vor sie. So als ob es das Normalste von der Welt wäre, öffnete er ganz ungeniert vor allen seinen Hosenschlitz und forderte Jenny auf, ihn zu bedienen. Leider stellte sie sich mehr als unbeholfen an, was zu allgemeinem Tadel führte.

„Sie kann es nicht“, wurde sie getadelt. „Sie ist unerfahren und zu nichts zu gebrauchen, als dass man sie besteigt. Doch warte, mein Mädchen, du wirst gleich sehen, wie es richtig gemacht wird.“ Ohne weitere Worte entkleidete er sich und schob sich unter Jennys Körper, wo ihr Kopf zwischen seinen Beinen zur Ruhe kam. Dann umfasste er mit beiden Händen ihre Schenkel und begann Jennys Spalte zu lecken.

„Tue es mir nach“, forderte sie. Der Mann begann sie zu führen und da begriff sie, worauf es ankam. Bereits kurze Zeit später hörte sie das Schnaufen des Mannes zwischen ihren Beinen.

„Mach weiter, los, mach schon“, forderte er, während er seinen Kopf immer tiefer in Jennys Spalte zwängte. Dann plötzlich zuckte der Unterleib und verkrampfte. Die Zuschauer applaudierten und der Mann zog sich zurück.

Ein anderer trat auf sie zu. „Nun, da wir gesehen haben, dass du es kannst, wollen wir sehen, ob sie auch mit anderen Ruten umgehen kann“, sprach er belehrend und öffnete seinen

Hosenschlitz. „Ja und gleichzeitig kann man sie auch noch von der anderen Seite besteigen“, sprach ein anderer, während er sich kurzerhand über Jennys Hinterteil hermachte, wo hinein er seinen Schwanz schob. Für Jenny war es ein Schock, denn nie hätte sie gedacht, dass man sich ihrer in dieser Form bedienen würde. Davon hatte ihr André nichts gesagt. Sie hatte zwar schon früher einen Freund so bedient, aber das war hier jetzt was anderes. Es war ein wildfremder Mann, der es von ihr so wollte. Widerwillig machte sie sich daran, ihn so zu befriedigen, während der andere Mann sich an ihrem Körper ergötzte.

Es dauerte nicht lange, da fanden beide ihre Befriedigung. Die Männer zogen sich zurück, um anderen Personen Platz zu machen. So ging es über eine Stunde weiter. Jenny erschien es wie eine Ewigkeit und ihr war speiübel von dem Zeug in ihrem Munde. Dann war es geschafft. Die Männer zogen sich zurück und Jenny dachte, es sei vorbei, als die Frauen ihr Recht forderten.

„Legt sie auf den Tisch“, wurden die Männer aufgefordert. Sie taten es, indem je einer von ihnen einen ihrer Arme und Beine ergriff, um sie dorthin zu hieven. Nachdem sie sie abgelegt hatten, setzte sich eine der Frauen über sie und bot ihr Geschlecht dar, während eine andere ein künstliches Glied in den Händen hielt und es in Jenny hineinstieß.

„Ja, bohre es tief in sie hinein", wurde sie aufgefordert. Eine dritte Frau hingegen machte sich über Jennys Brüste her, die bisher niemand beachtet hatte. Sie biss und saugte so, wie es ihr gefiel, sie presste sie zur vollsten Größe aus und die Warzen wurden groß und hart. Dann zog sie ihr Kleid in die Höhe, um mit ihren eigenen Prachtstücken über Jennys Hügel zu fahren.

„Da sind ihre Schwestern", stieß sie heiser aus, während sie sich so an Jennys Fleisch bediente. Es schien ihr ein besonderes Vergnügen zu bereiten, denn je länger sie so fortfuhr, sich an ihr zu reiben, desto höher wurden ihre Schreie.

„Kommt, nehmt mich, ihr geilen Hengste!", schrie sie regelrecht in ihrem Taumel. Zwei Männer eilten auf sie zu und bestiegen sie gleichzeitig von hinten und vorn.

„Macht schon, ich will euch fühlen!“

Jenny bekam von dem, was sich über ihr abspielte, nicht viel mit, denn zu sehr musste sie sich auf ihre Aufgabe konzentrieren. Doch auch das schaffte sie recht gut, was sie an dem Zucken der Frau bemerkte. Dann, es erschien ihr, als wären weitere Stunden vergangen, wurde sie entlassen. Der Mann, der sie hergebracht hatte, führte Jenny zurück in den Kuppelsaal, wo er sie an ihrem Platze abstellte. Dann ging er wortlos davon und ließ sie zurück.

Das war es, dachte Jenny. Gleichzeitig stellte sich ihr jedoch die Frage, was mit ihrem Geld war, denn noch hatte sie nicht einen Schein, für die, wie sie meinte, großzügige Arbeit, erhalten. Das blieb auch so, bis die Gesellschaft sich auflöste. Nachdem alle fort waren, brachte Andre eine nach der anderen auf ihr Zimmer, so auch sie. Als er an der Schwelle stand und die Türe geöffnet hatte, übergab er ihr ein kleines Bündel, das in dunklem Papier eingewickelt war. „Gute Nacht“, sagte er noch und verschwand.

Jenny schloss die Türe und öffnete das Päckchen. Als sie den Inhalt sah, wollte sie es kaum glauben, denn es waren über fünfhundert Rubel. Das war mehr, als sie innerhalb einer ganzen Woche verdiente. Sie konnte es kaum fassen. Dann aber überlegte sie genauer. Welchen Preis hatte sie dafür bezahlt? Erst jetzt begann ihr Körper sich zu melden und zeigte es ihr. Zwischen ihren Schenkeln und an den Brüsten spürte sie einen stechenden Schmerz. Ihr Körper stank regelrecht nach den Ausscheidungen und in ihrem Mund hatte sie einen üblen Geschmack. Sie klopfte an der Türe und wenig später erschien André.

Kann ich mich hier irgendwo reinigen?“, fragte sie ihn. André nickte und nahm sie bei der Hand. Er führte sie an einen Ort, den sie noch nicht kannte. Es war ein riesiges Schwimmbecken, wo an den Seiten auch Duschen vorhanden waren. Doch auch hier war sie nicht allein, denn die anderen Frauen des Hauses schienen dieselbe Absicht zu haben.

„Hier ist eine von den Neuen“, stellte André sie vor. „Nehmt euch ihrer an.“ Ohne zu zögern, zog Jenny sich aus und stieg in das Becken. Von einigen wurde sie herzlich begrüßt, insbesondere von den jüngeren, während einige ältere Damen nur verachtende Blicke für sie hatten. Man fand ins Gespräch und so erfuhr Jenny, dass fast jede von ihnen das Bedürfnis hatte, nach der Arbeit sich hier zu erfrischen und ein wenig zu entspannen. Dann versuchte Jenny, herauszubekommen, was die Männer und Frauen sonst noch so mit ihr machen würden, doch hierüber erfuhr sie kein Wort.

„Du wirst es erleben“, wich man ihr aus.

In den nächsten Tagen wurde sie nun immer öfter ausgewählt und jedes Mal übergab ihr André ein kleines Päckchen. Langsam wechselten auch die Farben ihrer Gürtel. War der erste zart rosa gewesen, so wurden die Farben langsam immer greller und dunkler. So vergingen mehrere Wochen, in denen sie sich an ihren Job gewöhnte. Doch dann sollte jener Abend kommen, an dem sich Jenny entschloss, das Haus zu verlassen. Noch heute, Jahre später, erinnerte sie sich lebhaft an jene Stunden und sie wusste, dass sie es nie vergessen würde, was an jenem Abend geschah:

Wie so oft hatte ein Mann sie aufgefordert, sie zu begleiten. Doch anstatt sie in einen der vielen Lusträume zu führen, betrat er mit ihr die Küche. Dort sah Jenny eine riesige Platte, auf der normalerweise die Gerichte für eine Vielzahl von Menschen angerichtet wurde. Sie befand sich auf einem rollbaren Tisch. Sie sah es mit Verwunderung. Was wollte man hier von ihr? Wollte etwa der Koch des Hauses sich ihrer bedienen? Sie sah dem Treiben zu. Große Mengen von grünem Salat wurden auf die Platte gehäuft und sorgfältig ausgebreitet. Dann trat einer der Köche auf sie zu und und ohne ein Wort zu sagen, entkleidete er sie. Mit den Fingern tastete er ihren Leib ab, so als ob er ein Stück Fleisch prüfen würde, das er zubereiten wollte.

„Leg dich auf den Salat“, forderte er sie auf. Entsetzt begriff Jenny, dass es wohl tatsächlich so sei, denn kaum hatte sie sich auf das kühle Bett gelegt, als mehrere Köche sich daran machten, sie in die richtige Lage zu bringen. Ihre Beine und Hände wurden weit gespreizt und mit Schlaufen fixiert. Einer der Köche prüfte ihren Körper genauer. Er ließ sich mehrere Spargelstangen geben, die er tief in sie hineinsteckte. Es erschien Jenny, als wäre sie eine gefüllte Gans. Anschließend nahm er ein Glas mit Kaviar und bestrich damit ihren gesamten Unterleib, bis alles verborgen war. Ein anderer kreierte auf ihrem Bauchnabel eine weitere Speise, während die Helfer ihre Hände und Füße in weiße Grilltüten einbanden. Sie sah so aus wie ein Grillhähnchen. Ihr wurde angst und bange bei dem Gedanken, was sie sonst noch mit ihr anstellen würden.

Der Küchenchef trat wieder auf sie zu und begann, eine Art von Soße auf ihr zu verteilen. Es roch zwar recht gut, doch spätestens jetzt war es mit Jennys Besonnenheit vorbei. Sie begann zu schreien.

„Ach gut, dass sie mich daran erinnert!“, stellte der Meister fest und schob ihr einen roten Apfel tief in den Mund, so dass es vorbei war mit dem Schreien. Dann begann die gesamte

Kochschar damit, auf ihrem Leib und rundherum die verschiedensten Speisen anzurichten. Zum Schluss sah sie tatsächlich aus wie die Dekoration eines großen Festmenüs. Der Chef des Hauses inspizierte nochmals alles genau, bevor er die Order gab, sie in den großen Kuppelsaal zu fahren.

Jenny sah wie Wände und Decken an ihr vorbeizogen. Als sie den Saal erreichten, stellte man sie mitten in den Raum. Dort war eine regelrechte Orgie im vollen Gange. Sie konnte zwar nicht viel sehen, aber allein das Gestöhne, Gekreische und Keuchen, die eindeutigen Laute der Ekstase und des Taumels hier im Palast der Lüste waren mehr als nur eindeutig. Dazu kamen die vielen frivolen Ausdrücke und Wünsche der Kunden. Es war eine Szene, wie sie ihr noch nicht untergekommen war. Dann wurde eine zweite Platte neben sie gefahren. In den Augenwinkeln konnte sie eine weitere weibliche Person erkennen, die gleichfalls zurechtgemacht worden war, allerdings mit einem Unterschied. Jenny hatte man mit Speisen überhäuft. Die Frau neben ihr hingegen diente wohl als Getränkespender. Sie war sehr schlank und hatte lange braune Haare, die rechts und links neben ihrem nackten Körper hinab hingen. Während Jenny lag, stand sie. Die Köche des Hauses hatten sie in kunstvollster Weise so ausgestattet, dass an ihren Brustspitzen zwei Schläuche endeten, die mit silbernen Zapfhähnen versehen waren. Wie sie weiter feststellen konnte, war ein solcher auch zwischen ihren Beinen angebracht. Die Behälter der Getränke hatte man in sinnvoller Weise hinter ihrem Rücken angebracht.

Kaum dass auch sie so positioniert war, dass sich die Gäste an den Getränken bedienen konnten, kamen weitere als Köche gekleidete Männer herbeigeeilt. Einer von ihnen nahm einen Trichter und steckte ihn tief in den Mund der Frau, während ein anderer ihren Kopf hielt. Dann nahmen sie eine große Flasche, deren Inhalt sie in den Trichter schütteten. Die junge Frau schluckte und würgte, konnte sich aber nicht erwehren. Nach getaner Arbeit traten die Männer zurück. Die Vorbereitungen waren abgeschlossen und das Büfett wurde eröffnet.

Langsam gesellten sich die anwesenden Personen um die dargebotenen Speisen und Getränke. Ging es zu Anfang noch recht gesittet zu, so wurde daraus rasch eine regelrechte Schlacht. Die Männer und Frauen, fast allesamt nackt und bereits von den Spuren des Gelages gekennzeichnet, verloren jede Hemmung. Sie warfen sich auf Jenny und gruben ihre Zähne in die dargebotenen Speisen, während sie bei der Frau neben ihr die Getränke direkt aus den Schläuchen tranken. Auch Jenny wurde nicht verschont, so manch ein Biss endete nicht nur in den Speisen, sondern ging durch bis auf ihre Haut. Einige zogen die Spargelstangen mit dem Mund aus ihr heraus. Je weniger von den Speisen übrig blieb, desto mehr kam Jennys Haut zum Vorschein, was die Meute nur noch mehr anheizte. So wurde auch der Rest ihres Körpers zu Zielen der tobenden Menge. Sie warfen sich über sie und gierten danach, sich ihrer zu bedienen. Immer öfter konnte sie die verschiedensten Leiber über ihrem Gesicht erkennen, die sich an sie pressten und rieben. Je länger die Orgie dauerte, umso ausschweifender wurden die Handlungen. Zum Schluss band man beide Frauen los und viele Hände führten sie hoch über dem Boden zum Springbrunnen in der Nähe.

Dort hinein wurden sie abgesetzt und gereinigt, jedoch nur, um sich an ihrer neu erstandenen Frische weiter zu vergehen. Die Männer und Frauen verfielen zusehends in den Rausch.

„Ihr beide seid unsere Beute. Wir wollen euer Fleisch", raunzte manch einer in den Raum. Der jungen Frau neben ihr wurden die Beine weit gespreizt und die johlende Meute, jetzt bereits in einem Rausch, der ihr jede Hemmung nahm, machte sich über sie her. Manche der Männer und Frauen warfen sich im Taumel der Lust zu Boden, wo sie ihren Trieben freien Lauf zu ließen.

„Her mit der Dreilochstute!", schrie jemand aus der Menge und ergriff die Frau an den Haaren. Mit dieser Aufforderung begann man, sich der jungen Frau in jeder Art zu bemächtigen. Das alles sah Jenny. Sie fühlte sich wie in einem Albtraum. Und dachte, sie könnte ihm entkommen. Doch sie irrte. Man hatte sie nicht vergessen.

Plötzlich wurde sie erfasst und in den Raum gezerrt, wo man sie zu Boden zwang. Was man der jungen Frau angetan hatte, wurde nun an ihr vollzogen. Die Männer und Frauen bedienten sich ihrer und es interessierte sie anscheinend nicht eine Sekunde, was sie ihr antaten. Für Jenny jedoch sollte dieses Erlebnis für immer im Gedächtnis bleiben, so grauenhaft war es. Während man so mit ihr fortfuhr, erwies ihr die Natur eine besondere Gnade. Es wurde ihr schwarz vor Augen und sie fiel in ein tiefes Loch.

Stunden vergingen, doch sie wachte nicht auf. Die Orgie hingegen ging weiter, denn auch vor dem regungslosen Körper machte die außer Kontrolle geratene Meute keinen Halt. Der Albtraum ging weiter, ohne dass Jenny es bemerkte und das war gut so. Am Ende hatte die Meute genug und legte die Körper achtlos, wie ihre Kleidung, irgendwo in die Ecke. Man hatte sie benutzt und gedemütigt. Mehr wollte man nicht, jetzt hatte sie ausgedient, zumindest für diesen Abend. Also warum weiterhin um sie kümmern.

Zum Schluss trat André in dem Raum. Wortlos nahm er sich der beiden Frauen, welche als Opfer dieser Perversion gedient hatten, an. Behutsam, ja fast zärtlich, bettete er sie in einem abseits gelegenen Raum auf etwas, was den beiden diese Art der Behandlung erleichtern sollte. Er lächelte in sich hinein, als er an die Vorstellung dachte, wie sie stauen würden, wenn sie erwachten. Danach zog er sich leise und bedächtig zurück.

Die Nacht wurde langsam von der Sonne besiegt und es wurde hell, doch die Frauen schliefen weiter, teils um zu vergessen, teils weil man vollkommen erschöpft war. Der Tag verging, doch auch jetzt erwachten die beiden nicht. André sah hin und wieder nach ihnen. Jedoch nicht aus Besorgnis, sondern um sich zu vergewissern, dass sie noch da waren. So kam der Abend. Erst jetzt begannen sich die beiden Frauen zu regen.

Als Jenny die Augen öffnete, waren ihre Gedanken sofort wieder bei dem Erlebten. Rasch schloss sie die Augen erneut, denn ihr war übel und schwindelig. Es dauerte eine Weile, bis sie es nochmals versuchte, doch das Gefühl der Übelkeit blieb. Jenny strengte sich an, wach zu bleiben. Dann nahm sie den Geruch um sich herum wahr. Es stank ekelerregend. Sie übergab sich spontan. Alles wollte aus ihr heraus. Zugleich setzten die Schmerzen des gepeinigten Körpers ein. Sie konnte sich kaum regen.

Was hatte man ihr angetan? Wieso konnten Menschen so gnadenlos und pervers ihren wildesten Phantasien nachgehen? Diese Fragen rasten mit Schnellzuggeschwindigkeit durch ihren Kopf. Was war der Lohn für diese Untat, welche man an ihr geübt hatte? Wie viele Rubelscheine würde es ihr bringen, fragte sie sich? Erst allmählich begannen sich ihre Augen an die Dunkelheit zu gewöhnen. Sie spürte, dass sie auf etwas Weichem lag. Langsam wurden aus den Konturen um sie herum komplette, klare Bilder. Nein, das konnte nicht wahr sein, was sie sah. Erst als sie sich mit den Händen vergewisserte, dass sie nicht auf Papierstreifen gebettet war, kam sie klar zu Verstand. Sie lag auf einem Bett voller Geldscheine!

Sie vermochte sie jetzt noch nicht zu zählen, aber selbst wenn es viele kleine Scheine gewesen wären, mussten es mehrere Tausende von Rubeln sein. Das Stöhnen ihrer Leidensgenossin unterbrach sie in ihrer Betrachtung. Auch sie wurde langsam wach. Sollte sie etwa das ganze Geld mit ihr teilen? Nein, jetzt brach ihre Raffgier durch. Sie klaubte so viele Geldscheine wie sie nur konnte zusammen. Es interessierte sie nicht, dass sie teilweise verschmutzt und feucht waren, nur das Geld zählte und nicht mehr. So schaffte sie es, dass ein großer Haufen zusammenkam, der, wie sie dachte, ihr persönlicher Lohn sei. Inzwischen erwachte die andere Frau vollkommen und sah Jennys Tun. Rasch begriff sie, was geschah und sie war nicht bereit, es so einfach hinzunehmen. Trotz ihrer Schmerzen, die sie durchzuckten wie grelle Blitze, machte auch sie sich darüber her, ihren Anteil an der Beute zu sichern. Es kam zum Streit. Die Mädchen kämpften mit allen fairen und unfairen Mitteln um das Geld. Da wurde gebissen und in den Haaren gerissen, da wurde geschlagen und getreten. Ihre Kampfschreie waren so laut, dass André erschien und der Rauferei unter

Aufbietung aller Kräfte ein Ende setzte. Dabei schlug er rücksichtslos zu.

„Ihr verdammten Weiber, es ist doch genug für euch beide“, schrie er sie an. Doch jede von ihnen meinte, dass ihr alles gehörte. Sie fuhren wieder aufeinander wie zwei Kampfhähne zu. Abermals versuchte André, den Streit zu schlichten. Vergebens. Es blieb ihm nur eine Wahl. Er griff zu einer Peitsche, die er in weiser Voraussicht mitgebracht hatte und schlug auf die beiden ein. Erst dieses Mittel brachte die beiden zur Vernunft.

„Es reicht für euch beide“, wiederholte er sich und zeigte auf die zerknüllten Geldscheine. „Es wird gerecht geteilt und damit hat es sich. Falls eine von euch beiden das anders sieht, so soll sie es sagen. Aber wehe, wenn sie glaubt, ich sähe tatenlos zu. Dann hat sie sich geirrt!“ Er schlug mit der Peitsche in die Luft, so dass die Spitze ihr scharf schneidendes Geräusch erzeugte.

Diese Warnung ernüchterte die beiden Frauen. André sammelte alle Scheine ein und sortierte sie nach Größe. Danach teilte er es auf. Tatsächlich erbrachte die Zählung, dass jeder der beiden runde fünfzigtausend Rubel als Lohn zukommen sollten. Jenny war mehr als erstaunt. Dann besah sie ihren verschmierten Körper und beschloss, ihn unverzüglich zu reinigen und den ganzen Schmutz der Nacht abzuwaschen. André führte sie in einen besonderen Raum. „Hier kannst du dich reinigen." Als sie nachfragte, warum sie nicht in den Raum mit dem Schwimmbecken durfte, erklärte er ihr in sehr empörtem Tone, dass sie doch nicht glauben würde, dass dieses mit ihrem Schmutz verunreinigt werde. Nein, sie sollte sich erst hier aufs Gründlichste reinigen, bevor er sie dorthin führte, wo sie sich ausruhen konnte. Dann ließ er sie stehen.

Obwohl Jenny sich immer und immer wieder das Wasser über den Leib goss, schaffte sie es nicht, den inneren Schmutz abzuwaschen. Sie blieb eine halbe Stunde dort, doch die Gedanken waren noch immer beim vergangenen Abend. Nein, nie wieder würde sie so etwas mitmachen und erleben wollen. Jede andere Art von normaler Tätigkeit war ihr ja schon zur Routine geworden und da es sich lohnte, tat sie es gern. Nochmals das Opfer der unbändigen Begierde einer wilden Horde zu sein, die ihre obskuren Gelüste an ihr stillten – nein, so etwas nie wieder! Dann kam André herein.

Auf dem Weg hinüber zum Schwimmbecken erzählte sie ihm von ihrem Entschluss. Urplötzlich blieb er stehen und sah sie ernst an.

„Dann musst du dieses Haus verlassen“, klärte er sie auf. Jenny sah ihn erstaunt an.

„Aber wieso?“

„Weil es das ist, was unsere Gäste wollen. Alles andere, was du am Anfang mitgemacht hast, war nur zur Eingewöhnung. Das wahre Gesicht unseres Hauses ist das, welches du erlebt hast. Unsere Gäste wollen diese Art der Ausschweifung. Wer einfach die Notwendigkeit der Erleichterung erleben will, geht in andere Häuser. Unser Ruf der absoluten Erfüllung lockt die Massen an. Daher sind es in Wirklichkeit ja auch zwei Häuser, oder anders gesagt zwei Kreise, die du betreten kannst. Der äußere besteht aus dem ganz normalen Freudenhaus, wo nichts weiter geschieht als höchstens ein flotter Dreier. Wenn ein Gast jedoch mehr will und bereit ist, dafür entsprechend zu zahlen, kommt er vielleicht in den zweiten Kreis, den du letzte Nacht kennengelernt hast. Doch so einfach ist es nicht, denn gerade dieser zweite Kreis ist eine Gesellschaft, die gerne unter sich bleibt. Sie bilden eine eingeschworene Gemeinschaft, oder wenn du es so willst einen Geheimbund. Hier gibt es keinen Namen und keine Ränge, sondern nur eines, die Lust am ausschweifenden Leben ohne jedes Tabu. Das was man mit dir gemacht hat, war noch recht normal. Ich will dir hiermit nur andeuten, dass wir Nächte hatten, wo wir nichts anderes als Krimsekt hatten, der mit Wodka gemischt wurde. Glaube mir, nach drei Glas dieser Mischung weißt du nicht mehr, wer du bist. Du wirst zur Bestie, die nur eines will: Fleisch, Fleisch und nochmals Fleisch. Dann fallen sie übereinander her wie die Raubtiere und nichts kann sie aufhalten. Du warst das Fleisch, nach dem sie verlangten. Und so wie ein Raubtier über sein Opfer herfällt, sind sie über dich hergefallen. Wenn ich dich so ansehe, stelle ich fest, dass sie noch recht human mit dir umgegangen sind. Nirgends sind tiefere Wunden erkennbar, die bluten vom Biss ihrer Zähne."

„Das nennst du human? Mir reicht schon das, was ich gestern erlebt habe. Wenn du mir jetzt sagst, dass es noch schlimmere Exzesse gibt, so bin ich dir zu Dank verpflichtet, denn allein der Gedanke, dass sie es nochmals mit mir machen würden, erregt schlimmste Ängste in mir. Aber sage mir, wenn du andeutest, dass es in diesem Hause zwei Kreise gibt, warum kann ich dann nicht in den ersten Kreis zurückgelangen und dort meinen Job machen?"

„Weil es gegen die Regel ist! Einmal im zweiten Kreis immer im zweiten Kreis. Wer es aber schafft, dort mehrere Veranstaltungen durchzustehen, der braucht normalerweise nicht mehr arbeiten, denn so viel Geld wie du bis dahin verdient hast, kannst du bei entsprechender Lebensweise überhaupt nicht mehr ausgeben."

Das verstand Jenny. Trotz dieser verlockenden

Aussichten aber entschloss sie sich, nicht weiter an solchen Veranstaltungen teilzunehmen. Nur eine Frage quälte sie noch.

„Was ist?“, fragte André, als er ihren Blick sah. Jenny beschloss es zu sagen.

„Die ganze Zeit über hast du mich anderen Männern und Frauen ausgeliefert, dich selbst aber nicht an meinem Körper bedient. Nun frage ich mich, warum nicht?“ Ohne zu zögern antwortete er:

„Erstens mag ich diese Gelage nicht und ich tue es auch nur, weil ich damit dieses Haus aufbauen konnte, welches in ganz Russland als einzigartig gilt. Zweitens weil ich nicht möchte, dass mir jemals eine Frau wieder Schmerzen zufügt. Welche Art von Schmerz, darüber werde ich bis zu meinem Lebensende schweigen. Wenn ich also unsere Feiern hier organisiere, dann bin ich selbst nur ein Bestandteil der Ausstattung, ein Bestandteil der Dekoration und nicht mehr. Nein, ich werde niemals mehr einer Frau zu nahe treten, dessen sei dir gewiss. Versuche also nicht länger, danach zu fragen, denn du würdest mir damit Schmerzen zufügen.“

Sein Gesicht war traurig geworden, bei dem, was er sprach. Es mussten wohl schlimme Erinnerungen sein, die ihn so werden ließen, wie er war.“

Und wenn ich mir nichts Sehnlicheres wünsche, als mit dir zu schlafen und freiwillig Dinge tue, zu denen nur du mich auffordern darfst, egal was es sei?“ André schüttelte den Kopf.

„Nein, auch dann nicht und nun lass mich in Ruhe. Statt dass du mich aushorchst, habe ich nur noch eine Frage. Ist es dir Ernst mit dem Aufhören?“ Jenny nickte bestimmt.

„Ja, das ist es mir, es sei denn, du bittest mich, es für dich zu tun.“ André sah sie erstaunt an.
„Nein, ich würde dich nie bitten. Die Meute da draußen verlangt nach dir und ich muss sie füttern, sonst fressen sie mich. Ich zahle dir doppelt so viel wie der anderen, aber verlange nicht, dass ich es mir meinetwegen wünsche.“

Doch Jenny blieb hart und bat nur noch um eines. Sie wollte diese Nacht noch im Hause bleiben, denn sie hatte noch keine Wohnung.

„Ich werde auf dich warten, André. Wenn du willst, nimm mich.“ Er willigte ein. Trotz ihrer Erwartung hielt er sein Versprechen und besuchte sie nicht. Am nächsten Tage verließ sie das Haus.

Ausgeliefert

Hier also nun mal eine Begebenheit, die vielleicht eher dem Vorurteil des BDSM sehr nahe kommt. Es war mit einer Sub, die ich schon länger kannte.

Wir hatten uns wie schon des Öfteren zunächst auf eine ganz normale Session am Samstagnachmittag verabredet. Zunächst hatten wir das übliche Spiel zwischen Dom und Sub in meiner geliebten Hütte eine Weile betrieben. Es war langsam schon zur Routine geworden. Da mir aber solche Dinge auf Dauer zu eintönig sind, suchte ich nach einem Weg, die Sub neu zu fordern. Schon lange gärte in mir dazu eine Aufgabe.

„Heute, Sklavin, wirst du deine Grenze verschieben“, verkündete ich. Die Frau sah mich erwartungsvoll an, doch verriet ich nichts. Stattdessen befahl ich ihr, sich in die Mitte des Raumes zu stellen, wo ich sie an den Armen hochband. Dann nahm ich die Reitgerte und züchtigte sie erstmals etwas härter. Sie schrie auf vor Lust, denn so hatte ich sie bisher noch nie geschlagen. Auf ihrem Po, Bauch und an den Brüsten waren nun deutliche Spuren der Gerte zu sehen. Die roten Striemen würden einige Stunden sichtbar sein. Genau so sollte sie aussehen, eine geschundene Frau, der man ansah, was sie erlebt hatte. Die Sub sah mich an.

„Herr, wie lange habe ich darauf gewartet, dass ihr mich so züchtigt. Ich danke dir für diese Erfahrung.“

Ich schmunzelte in mich hinein. Ja, ich hatte ihr diese Erfahrung lange verwehrt. Ich band sie los, verbot ihr aber, sich anzuziehen. Stattdessen nahm ich einen eisernen Halsring mit einer Öse und legte ihn ihr an. Wieder sah sie mich erwartungsvoll an. Ich befestigte eine Kette an der Öse und führte sie nackt, wie sie war, aus der Hütte.

Mein Ziel war ein recht beliebter Wanderweg hier im Wald. Einer der Bäume hatte einen Ast weit über den Weg ausgetrieben. Unter diesem

blieb ich stehen.
„Wie weit, Sklavin, gehst du, wenn ich es befehle?“, fragte ich sie in scharfem Tone.

„Ich werde alles tun, was du verlangst. Befehle und ich werde gehorchen“, antwortete sie.

„Strecke mir deine Arme entgegen“, forderte ich sie auf. Ohne zu zögern, tat sie es. Ich band ihr zwei Ledermanschetten an die Handgelenke. An ihnen waren zwei große Ösen angebracht. Durch diese zog ich nun ein Seil und warf es über den Ast. Dann zog ich sie an den Armen hoch, bis sie schön einladend gestreckt hing. Ich befestigte das Ende des Seils am Baum und trat wieder an sie heran.

„Sklavin!“, sprach ich zu ihr. „Du wirst nun eine Weile so hängen, denn ich möchte dich den Blicken jener ausliefern, die hier des Weges kommen. Wenn sie dich fragen, warum du hier so hängst, sage ihnen, dass du es wolltest, ebenso wie die Züchtigung. Es ist dir nicht erlaubt, dich losbinden zu lassen, ebenso wenig, dass man dich berührt. Ansehen ja, aber mehr nicht. Ich bin in der Nähe und sehe, ob du willig bist, mir diesen Wunsch zu erfüllen." Jetzt erst erkannte sie mein Vorhaben und war begeistert. „Ja, Herr, ich werde gehorchen, ich werde dir so dienen und bin glücklich darüber, dass du mir diese Aufgabe gestellt hast."

Ich nickte noch kurz und ließ sie allein, um mich zu verbergen. Von dort aus konnte ich jederzeit im Notfall eingreifen. Sie sah ja durch die roten Striemen am Körper schlimm aus. Nun wartete ich ab.

Es vergingen nun einige Minuten, in denen es ganz still wurde. Meine Sub dort aber blieb, wie sie war. Sie machte keinerlei Anstalten, dass sie um Abbruch bat. Dann kamen die ersten Wanderer und mit ihr wurde meine Anspannung größer. Was würde nun passieren?

Tatsächlich kamen die älteren Leute auf sie zu. „Kindchen, wer hat dir das angetan?", hörte ich sie aufgeregt sagen. Schon machten sie Anstalten, sie zu von den Fesseln zu befreien, als die Sub reagierte.

„Bitte nicht losbinden!", flehte sie fast. „Ich

hänge hier freiwillig, um meinem Herrn zu zeigen, dass ich ihm gehöre!“, sprach sie. Die Gruppe sah sie fassungslos an. Sie konnten nicht glauben, dass eine Frau so etwas freiwillig tat und erhoben Einspruch.

Es entwickelte sich nun eine Diskussion zwischen ihnen und der Frau. Am Ende schaffte sie es, die Gruppe tatsächlich davon zu überzeugen, dass man sie hängen ließ. Ich war restlos begeistert von ihr, dass sie so konsequent meinem Befehl gehorchte. Die Gruppe aber verließ kopfschüttelnd den Schauplatz. So etwas hatten sie wohl auch noch nicht gesehen.

Wieder vergingen einige Minuten, bis eine weitere Person sich ihr näherte. Es war ein junger Mann, der allein lief. Als er sie sah, trat auch er auf sie zu, wobei er sich jedoch umschaute. Doch war niemand in der Nähe.

Er trat an sie heran und betrachtete sie genauer, so als ob er ein Stück Vieh besah. Erneut schaute er sich um und wollte gerade die Frau berühren, als diese es ihm untersagte.

„Anschauen darfst du mich, aber nicht berühren“, erklärte sie ihm. Er aber lachte nur hämisch.

„Wer will mich daran denn hindern, dass ich dich jetzt anfasse, es ist doch außer uns beiden niemand in der Nähe. Also ziere dich nicht so und lass mich machen.“

Gerade als er ihr zwischen die Schenkel fassen wollte, griff ich ein. Ich trat aus meinem Versteck hervor und ging auf ihn zu. Meine Sub sah mich dankbar an.

„Hast du nicht gehört“, raunzte ich ihn an, „Ansehen darfst du sie, aber nicht mehr!“

Der Mann sah mich abschätzig an und schien zu überlegen. Dann aber zog er wortlos ab. Meine Sub sah mich an.

„Danke, Herr, ihr habt mich vor Schlimmerem bewahrt und mir damit gezeigt, dass du zu mir stehst. Wenn ihr es verlangt, werde ich noch weiter hier mich den Blicken der Menschen ausliefern.“

Ich überlegte. Bisher waren ja nur wenige vorbeigekommen und wir hatten noch Zeit. Also beschloss ich, sie noch weiter anzubieten. Ich teilte ihr meinen Entschluss mit, den sie akzeptierte. So begab ich mich wieder in meine Deckung.

Als Nächstes kreuzte eine Familie mit Kindern den Weg. Kaum dass die Mutter meine Sub so sah, zog sie die Kinder zur Seite, während der Vater sich zu ihr begab. Wieder antwortete sie, dass sie es von sich aus als Beweis ihrer Treue gegenüber ihrem Herrn tat und darum hier so hing. Der Mann akzeptierte ihre Aussage und ging zurück zu seiner Familie. Ich hörte ihn noch murmeln „Die Idee wäre eigentlich etwas für meine Schwiegermutter."

Mir reichte es nun für heute. Ich begab mich zu meiner Sklavin und band sie los. Danach gingen wir zur Hütte zurück, wo sie sich ankleidete.

Bei den folgenden Treffen bat sie mich immer wieder, sie scharf zu züchtigen, denn das war für sie das höchste Lustempfinden.

Die Bi-Sklavin

Ich gebe zu, dass ich mich sehr gerne mit Frauen und insbesondere Sklavinnen umgebe. Ich war in jenen Tagen mit einer Sub fest zusammen, die mich immer wieder durch ihre verrückten Ideen überraschte. So wie in dieser nun folgenden Begebenheit:

An einem ganz normalen Tage, wo wir wie so oft unserer Leidenschaft zum BDSM frönten, wunderte ich mich, denn ich spürte, dass sie nicht ganz bei der Sache war. Sie schien irgendwie nervös. Ich fragte sie, was los sei, doch antwortete sie mir nur ausweichend. Daher brachen wir diese Session nach kurzer Zeit ab. Am anderen Tag rief sie mich an und entschuldigte sich bei mir für ihr Verhalten, sie verriet mir jedoch nicht, was mit ihr los war.

Dann kam das Wochenende und sie bat erneut um ein Treffen bei mir. Ich willigte ein, nicht ahnend, dass mir eine große Überraschung bevorstehen sollte.

Ich hatte die Türe geöffnet, und zu meinem Erstaunen hatte sie noch jemanden mitgebracht.

„Hallo, mein geliebter Herr“, sprach sie. „Das ist Beate und sie wird uns heute Gesellschaft leisten. Ich möchte mich auf diese Weise bei dir für all das bedanken, was du mir geschenkt hast.“

Ich war überrascht und so bat ich die beiden herein. Beate schaute mich dabei stumm an. Ich merkte, dass sie etwas schüchtern war, doch meine Sub interessierte es wenig.

Wie immer wenn wir uns trafen, legte sie wie selbstverständlich ihre Kleidung ab und zog ihr Sklavinnenmieder an. Dieses bestand darin, dass ihre Brüste als auch ihr Intimbereich stets offen sichtbar waren. Anschließend nahm sie Beate an die Hand und stellte sie nah vor mich hin.

„Dies, Herr, ist mein Geschenk an dich. Du hast mich so vieles gelehrt. Nun ist es Zeit, dass ich dir etwas zurückgebe. Bitte mache es dir bequem und sieh, was ich mit ihr tue.“

Ich verstand zunächst nicht, was sie damit ausdrücken wollte, doch als sie anfing, Beate auf sehr verführerische Weise zu entkleiden, begriff ich es. Ich hatte vor längerer Zeit mit meiner Sub darüber gesprochen, ob sie es auch mal mit einer anderen Sklavin versuchen möchte. Bisher hatte sie es jedoch immer wieder abgelehnt. Nun nahm sie Beate bei der Hand, während ich es mir in meinem Sessel, wie sie gebeten hatte, bequem machte. Ich war gespannt, was sie mit ihr anstellte.

Meine Sklavin stellte sich seitlich zu Beate, damit ich sehen konnte, was sie tat. Es begann damit, dass sie die Frau sehr zärtlich küsste. Zunächst schien Beate völlig starr zu bleiben, doch meine Sklavin verstand sich gut darauf, das zu ändern. So wie sie es tat, wäre selbst ein Stein erweicht und so kam es, dass Beate schon recht bald den Kuss erwiderte. Die Lust der beiden Frauen aufeinander schien erwacht, denn die Berührungen wurden gieriger.

Nach einer Weile reichte es meiner Sklavin

jedoch nicht mehr. Ganz langsam machte sich ihr Mund abwärts auf den Weg, den Hals entlang bis hin zu den Brüsten von Beate. Ich sah, wie sich ihre Nippel fast schlagartig erhoben. Sie sehnten sich danach, berührt und liebkost zu werden. Meine Sklavin umfasste ihre linke Brust, hob sie an und tat das, was ich sonst mit ihr anstellte. Sie zog und saugte an dem Nippel, während Beate ihrer Lust freien Lauf ließ. Sie begann laut zu atmen und sich unter der Berührung zu winden, was meine Sklavin dazu veranlasste, sie noch fester zu saugen, während ihre andere Hand sich über die rechte Brust von Beate hermachte.

Um diese war es nun geschehen, was sich darin äußerte, dass sie ihre Hände an die Brust der Frau legte, um sie in gleicher Weise zu behandeln. Ich bemerkte, dass sich die beiden Frauen in diesem neuen Spiel verloren. Sie achteten nur noch auf sich und ich kam mir vor wie ein Statist. Dennoch war es sehr reizvoll, diesem Spiel zuzusehen. Ich spürte, wie auch mich die Lust überkam. Dennoch hielt ich mich zurück und griff nicht ein.

Nachdem nun meine Sklavin wohl genug von ihr hatte, begann sie, sich hinzuknien, um sich langsam dem Unterleib von Beate zu nähern. Diese schien darauf gewartet zu haben, denn sie spreizte ihre Beine ganz weit, sodass der Kopf der Frau freien Zugang fand. Mit ihren Fingern zog sie die Spalte auseinander und liebkoste die rosafarbene glänzende Haut dazwischen. Beate begann sich zu winden und nahm ihre Hände, um den Kopf der Frau noch fester an sich zu pressen. Ihre Schreie wurden lauter und intensiver je länger das Spiel dauerte. Meine Sklavin hörte nicht eher auf, bis Beate die Grenze des Erträglichen überschritt. Ihr Leib bäumte sich auf, als sie kam. Meine Sklavin beendete ihr Tun jedoch erst, als Beate ganz langsam den Berg herunterkam. Sie stand auf und ich sah ihre Lippen, die noch glänzten von ihrem Tun. Sie sah zu mir herüber. Dann kniete sie sich vor mich hin.

„Herr, du hattest einmal den Wunsch geäußert, dass ich es mit einer anderen Frau machen sollte. Du weißt, ich habe mich bisher immer dagegen gewehrt. Doch heute durfte ich erfahren, was ich versäumt habe. Ich danke dir, dass du mich nie gedrängt hast."

Sie neigte nun ihren Kopf demütig. Ich sah sie an. Hatte ich eine neue Seite ihrer devoten Ader angeschlagen? Es schien so, denn ihre Worte waren voller Freude gewesen. Ich bat sie, aufzustehen, was sie sofort tat. Ich merkte, wie meine Lust auf sie stärker wurde und ich befahl sie zu Bett, wo sie sich in Vorfreude auf den Rücken legte. Schon wollte ich mich an ihr vergehen, als mir Beate zuvorkam.

Sie kniete sich vor meiner Sklavin hin und schob ihren Kopf zwischen deren Schenkel, um sie zu genießen. Ihr nacktes Hinterteil, die wunderbaren Rundungen, waren einfach zu einladend, auf dass ich hätte widerstehen können. So stellte ich mich hinter sie und zog ihre Pobacken weit auseinander. Sie schien es nicht zu bemerken, denn zu sehr war sie damit beschäftigt, meine Sklavin zu lecken.

Ich sah ihren einladenden Hintereingang, der fest geschlossen war. Statt mich jedoch sofort über ihn herzumachen, verpasste ich ihr ein paar fordernde Klapse mit der Hand, was ihr wohl gefiel. Sie hob ihr Hinterteil höher, so als sehnte sie sich nach dem nächsten Schlag. Dieser kam nun postwendend. Ihre Schenkel öffneten sich und so lagen nun beide Eingänge in meinem Sichtbereich. Rasch holte ich eine lange weiße Kerze und schob sie ihr hinten hinein. Ihr Leib fing dabei an zu zucken, was wohl auf höchstes Wohlbefinden schließen ließ. Als die Kerze genau dort war, wo ich sie haben wollte, öffnete ich mit der Hand ihr Geschlecht und begann sie zu fisten.

Sie genoss es wohl sichtlich. Sie wand sich in ihrer Lust, als ich sie forderte und um ihren Gefühlen noch mehr Freiheit zu geben, verging sie sich an meiner Sklavin umso mehr. Fast gleichzeitig kamen die beiden Frauen. Sie schrien es regelrecht aus sich heraus, als sie den Höhepunkt überschritten. Keuchend ließen sie voneinander ab. Ihre Lippen und ihre Geschlechter waren geschwollen von den Genüssen.

Es dauerte geraume Zeit, bis meine Sklavin ihre Stimme wiederfand. „Herr, das war das Beste seit Langem!“ Damit endete die Session an diesem Tage, doch gab es noch zahlreiche Wiederholungen.

Mehr von John Barns bei DeBehr

Ich betrat den Boden von Taipeh, was für eine fremde Welt! Um mich herum brodelten Menschenmassen, die sich geschäftig durch die Gassen schob. Bald darauf stellten mich unsere Gastgeber einer Frau vor, die mir schon beim ersten Augenaufschlag tief in die Seele zu blicken schien – sie war eine Berühmtheit in dieser Stadt, To Jang, Herrin des Maika-Hauses, Gebieterin über viele Geishas. Diese Begegnung bildete den Beginn einer unglaublich sinnlichen Reise in die Gefilden außergewöhnlicher asiatischer Liebeskunst. In seinem neuen Werk entführt der Autor John Barns seine Leser in die Welt der sagenumwobenen Geishas, in ihre Rituale. „Dieses Buch brilliert durch ein Feuerwerk der Worte und den Sturm der Gefühle. Was der Autor erleben durfte, klingt so unwahrscheinlich und ist doch so real …“ So schrieb ein bekannter Buchkritiker über dieses Buch: „Erleben Sie die Welt des Miyako Odori, seien Sie hautnah beim Ritual des Mizuage dabei, begleiten Sie John Barns ins Maika-Haus. Erfahren Sie die wahre Geschichte der Geishas, die Fremden normalerweise verwehrt bleibt.“

Taschenbuch, 404 Seiten, Preis: 14.95, ISBN: 9783957536242

Meinen wahren Namen kennen nur wenige Menschen. Mein Künstlername hingegen war lange Zeit als Natalie in der Szene bekannt. Er war mein zweites Ich, meine Rüstung und mein Schutz, denn ich war ein Freudenmädchen, eine Prostituierte. Eine Frau, die ihren Körper für Geld verkaufte, eine Frau, die sich nach der grenzenlosen Freiheit sehnte und in der Hölle landete... Als die junge Natalie aus Lettland im Urlaub auf Menorca Herrmann kennenlernt, verliebt sie sich Hals über Kopf. Der smarte Deutsche umwirbt sie, verwöhnt sie, lädt sie zu sich nach München ein. Mit der Landung des Flugzeuges aus Vilnius beginnt für die junge Frau ein Alptraum. Sie ist nur eine von vielen Belogenen, die für die Arbeit in Bordellen mit falschen Versprechungen angelockt werden. Hilflos gerät Natalie in die Fänge des Rotlichts, das stets nach „Frischfleisch“ giert. Eine wahre Geschichte um Lügen, Gewalt, Unmenschlichkeit, aber auch Zusammenhalt, Hoffnung und Mut.

346 Seiten Taschenbuch, Preis: 12.95, ISBN: 9783957534637

2004: Im Kitt Peak National Observatory auf Hawaii wird eine besorgniserregende Beobachtung gemacht - ein Komet, der bald den Namen Apophis tragen soll. Berechnungen zufolge schlägt er 2029 auf der Erde ein. In den kommenden Jahren arbeiten Wissenschaftler, unter ihnen auch John Carter, mit Hochdruck an einem Schutz des Planeten vor der Zerstörung, doch alle Forschungen offenbaren stets nur die Ohnmacht der Menschheit gegenüber der drohenden Gefahr.
Bald kreuzt Apophis die Erdumlaufbahn. Die Menschheit bereitet sich auf den Impact vor. Die Apokalypse steht unmittelbar bevor. Und auch John Carter rechnet mit dem Schlimmsten...
HOCHSPANNUNG verspricht dieser Roman, der die reale Bedrohung unseres Erdballs im Jahr 2029 thematisiert und sich auf wissenschaftliche Recherchen und Fakten stützt.
276 Seiten, 12,95 Euro, ISBN: 9783957531131

Im Jahr 1974 sendete die Menschheit trotz Warnungen namhafter Wissenschaftler Nachrichten über die Existenz unserer Rasse ins All. Fünfzig Jahre später liegt die Erde in Schutt und Asche. Damals suchten wir nach anderen Zivilisationen. Ja, es gibt sie, und sie machten sich auf den Weg zu uns. Ich war einer der wenigen, die nicht ermordet wurden, die nicht als Futter für andere Wesen endeten. Man entführte mich, nahm mich als Sklave mit in die Tiefen der Galaxis, hin zu fremden Welten. Meine Herren waren Räuber, die andere Planeten überfielen. Lassen Sie mich Ihnen davon berichten...
352 Seiten Taschenbuch, 12,95Euro, ISBN: 9783957532749

Als es den Mond aus seiner Bahn warf, unser Trabant von der Erde weg triftete, war wieder ein Schritt des Untergangs der Menschheit vollzogen. Auch unser Planet würde unweigerlich vernichtet werden. Die Sonne tobte, der Stern, der uns das Leben geschenkt hatte, Wärme und Licht gab, würde sich aufblähen, alles Geschaffene verschlingen, in einem riesigen Feuerball. Einige Auserwählte sollten gerettet werden, auf Fähren in die Tiefen des Alls transportiert das Erbe der Menschheit erhalten, irgendwo neu siedeln, neue Welten erkunden. Doch die armen todgeweihten Teufel, die es nicht wert waren, am Leben zu bleiben, die Masse der Bewohner unseres Planeten, reagierte wie befürchtet. Chaos und Gewalt gewannen die Oberhand, Anarchie regierte, wohin man sah. Die Urangst der Menschheit wird Realität. Ein wissenschaftlich hervorragend recherchierter Roman.

322 Seiten Taschenbuch, 12,95 Euro, ISBN: 9783957533708

In der Pyramide von Tenochtitlan in Mexiko - Gespannt drangen die Forscher von der Spitze des Bauwerks in jene geheimnisvolle Welt ein, die über Hunderte von Jahren kein Mensch mehr betreten hatte. Der Weg führte über eine steile, ausgetretene Treppe gewunden in die Tiefe. Ein modriger Geruch machte die Erkundungen nicht gerade angenehmer. Zwar wusste man, dass auf diesem sakralen Bauwerk einst Menschenopfer gebracht wurden, doch hoffte man insgeheim, keine Überreste jener grauenvollen Zeremonien zu finden. Je tiefer man in das Innere eindrang, umso rätselhafter wurde es. Nach gut einhundert Metern endete die Treppe vor einer steinernen Wand. Niemand der Anwesenden ahnte, dass sie bald etwas zu sehen bekämen, das all ihr Wissen über die Azteken über den Haufen werfen würde. In der Geschichte der Menschheit gibt es immer wieder Ereignisse, die uns selbst in der modernen Zeit zum Erstaunen und Nachdenken bringen. Wie konnten die uralten Zivilisationen so genau die Umlaufbahnen der Planeten berechnen? Wieso sind die Pyramiden von Gizeh auf den hundertstel Millimeter genau auf die Gürtelsterne des Orion ausgerichtet und das ohne die modernen Hilfsmittel?

308 Seiten Taschenbuch, 12,95 Euro, ISBN: 9783957534354

„Papa, du bist ein Sklaventreiber!“ Da waren sie wieder, die Worte meiner Tochter, die auch den Lippen meiner Schwiegermutter gern entfleuchten. War denn meine Bitte, das Zimmer ein wenig lebenswerter aufzuräumen, so unangebracht? Wir saßen im Haus meiner Schwiegereltern fest – mit unseren kleinen Kindern. Diese Situation entsprach keinesfalls unserer Lebensplanung, doch erstens kommt es anders, und zweitens als man denkt. Meine Frau arbeitete, während ich Feinheiten in der Küche und im Haushalt ausbaute. Ich blieb daheim, während sie im vollen Leben stand. In dieser Zeit spürte ich ein neues Gefühl. Es war eine Art Leere in mir, die mich übermannte. Irgendwie schien mir die Lust am Leben allmählich zu vergehen. Wie eine schleichende unsichtbare Krankheit veränderte sich mein Gemütszustand. John ist Hausmann wider Willen. Die vorsichtigen ersten Schritte, sich den Haushalt Untertan und die

Kinder gefügig zu machen, sind bekanntermaßen die schwersten. Mit Humor, Augenzwinkern und jeder Menge Vaterwitz erzählt der Autor aus der wohl schwierigsten Zeit seines Lebens.
150 Seiten Taschenbuch, 10,95 Euro, ISBN: 9783957536235

RÜGEN Die malerische Insel der Ostsee hat neben ihren touristischen Attraktionen auch verwunschene Orte und geheimnisvolle Geschichten zu bieten. Im Hexenwald bedeckt ein einziger Baum einen ganzen Wald. Der Gesang der Schwäne Rügens heilt traurige Herzen. Die Steine der Insel, so sagt man, haben magische Kräfte. Eine geheimnisvolle Kirche vermag, die Liebe zu bewahren. Ein altes Gutshaus hat eine bewegende Vergangenheit. Eine Quelle soll Wunder bewirken können. Dies und mehr erzählt John Barns über die Ostseeinsel. Er lädt zu den Orten seiner Geschichten weitab der Touristenpfade ein. Der Autor lebt und schreibt auf Rügen.

208 Seiten Taschenbuch, 12,95 Euro, ISBN: 9783957538826

Fortsetzung erscheint im Sommer 2022.

"Du verdammter Krüppel! Man sollte dich wie eine Ratte erschlagen, damit wir dich los sind!", tobte mein Vater. … Die Hebamme handelte auf eigene Faust, was mein Leben von der ersten Sekunde an bestimmen sollte. Sie bekam das in Steißlage befindliche Kind am Arm zu fassen, und als eine weitere Wehe meine Mutter fast um den Verstand brachte, zog sie mit aller Kraft daran. Es gab ein dumpfes Geräusch, als würde jemand einen nassen Lappen gegen eine Wand schleudern. Tatsächlich hatte sie mich auf die Welt gebracht, doch hatte sie mir dabei den rechten Arm regelrecht abgerissen. Zwar bemerkte sie die klaffende Wunde, aus der das Blut schoss, doch anstatt sofort zu handeln, versuchte sie, ihren Fehler zu vertuschen. So wickelte sie mich, zusammen mit dem Arm, in die bereitliegenden Tücher. Es grenzt fast an ein Wunder, dass es gelang, die große Wunde komplett zu verschließen. Leider waren die inzwischen geschädigten Nerven und Sehnen nicht mehr komplett zu retten. Ich begann mein Leben mit einer Behinderung. Das Leben des kleinen Johann steht von Geburt an auf Messers Schneide. Er ist ein Krüppel, gilt als Schande, soll weg. Mehrfach trachtet man ihm nach seinem jungen Leben. Als unwert von seiner Familie verspottet und schwerst misshandelt, befindet sich der Junge hilflos in der Hölle seiner Kindheit. Eine erschütternde Autobiografie.

332 Seiten Taschenbuch, 12,95 Euro, ISBN: 9783957539090